DESENVOLVIMENTO
MEDIÚNICO

EDGARD ARMOND

DESENVOLVIMENTO MEDIÚNICO

Mediunidade Prática

Regras e Normas para a Organização de Cursos Regulares e Metódicos de Desenvolvimento Mediúnico Prático

Aliança

Copyright © 1964 *Todos os direitos reservados à Editora Aliança.*

5ª edição, 6ª reimpressão, Outubro/2024, do 98º ao 100º milheiro

TÍTULO
Desenvolvimento Mediúnico

AUTOR
Edgard Armond

REVISÃO
Maria Aparecida Amaral

DIAGRAMAÇÃO
Cintia Aoki

CAPA
Antônio Carlos Ventura e Marina Quicussi

IMPRESSÃO
Rettec Artes Gráficas e Editora Ltda.

FICHA CATALOGRÁFICA

Armond, Edgard, 1894-1982
Desenvolvimento mediúnico : mediunidade prática :
normas e regras para organização de cursos
regulares e metódicos de desenvolvimento
mediúnico prático / Edgard Armond. -- 5. ed. --
São Paulo : Editora Aliança, 2013.

1. Espiritismo 2. Mediunidade 3. Médiuns
I. Título.

13-04501   CDD-133.91

ÍNDICE PARA CATÁLOGO SISTEMÁTICO:

1. Desenvolvimento mediúnico : Espiritismo   133.91
2. Médiuns : Desenvolvimento : Espiritismo   133.91

EDITORA ALIANÇA
Rua Major Diogo, 511 - Bela Vista - São Paulo - SP
CEP 01324-001 | Tel.: (11) 2105-2600
www.editoraalianca.com.br | editora@editoraalianca.com.br

Sumário

Explicação Necessária	7

I – Desenvolvimento Mediúnico

Considerações Gerais	9
Apresentação do Método	16

II – Desenvolvimento Primário

Desenvolvimento primário	19
Preliminares	21
Mediunidade potencial	22
Sensibilidade mediúnica	22
Fundo mediúnico	22
Mediunidade tarefa	23
Testes individuais prévios de verificação	23
Definições	24
Preparação do ambiente	26
Abertura	27
As cinco fases do transe	28
1ª Fase: Percepção de fluidos	28
2ª Fase: A aproximação	32
3ª Fase: O contato	34
4ª Fase: O envolvimento	35
Incorporação consciente	37
5ª Fase: A manifestação	38
Observações sobre o método	39
Vidência	47
Vidência local	47
Vidência a distância	47

Audição	50
Psicometria	51
Escrita mediúnica	51
Observações finais	54
A apuração	54
Para a incorporação	55
Para a vidência	56
Para a psicografia	57

III – Desenvolvimento Progressivo

Adestramento	60

IV – Desenvolvimento Completivo

Aprimoramento	66
Aprimoramento - Vidência	66
Correntes de cura	68
Suportes magnéticos	68
Telepatia	69
Desdobramentos individuais	71
Esferas do astral	72
Esferas das trevas	73
Esferas do umbral inferior	74
Esferas do umbral médio	74

V – O Método das Cinco Fases

Parecer de Cairbar Schutel	77

Explicação Necessária

Em publicação anterior (1960), sob o título *Mediunidade Prática*, encaramos este sério problema da preparação de médiuns para difíceis e delicadas tarefas na seara de Jesus, porém, fizemo-lo de forma sumária e restrita, por conveniência de momento.

Conquanto mantendo, ainda, o mesmo caráter, ampliamos agora, os limites da exposição, apresentando seus ângulos mais importantes, conforme se torna conveniente à seqüência da apresentação da matéria em seu aspecto didático e objetivo.

Na referida publicação, ao tratarmos da incorporação — que é o setor mais vasto da atividade mediúnica — referimo-nos apenas ao detalhamento do transe no aprimoramento mediúnico, porque era de interesse repassar a situação dos médiuns já desenvolvidos, existentes em nosso país aos milhares e que, em sua maioria, não tiveram aprendizado regular e, muito menos especializado.

Evidenciou-se, entretanto, e de modo geral o pouco empenho desses médiuns em se adaptarem ao novo sistema proposto naquele trabalho, porque já se cristalizaram nos hábitos anteriormente adquiridos no modo místico de encarar o mediunismo e no convencimento de que tudo estava bem como estava, não necessitando alterações.

Neste presente trabalho refundimos aquela publicação e a completamos, colocando o sistema das Cinco Fases no seu devido lugar, isto é — no desenvolvimento primário — visando agora, somente a formação de médiuns novos, ainda não influenciados por quaisquer processos ou hábitos menos aconselháveis; e quanto àqueles, já anteriormente desenvolvidos mas cuja cooperação se apresenta precária e ineficiente, por não terem freqüentado escolas ou cursos de aprendizado, poderão também inscrever-se neste curso, seja para revisão de conhecimentos, aquisição de novos, despertamento ou apuramento de sensibilidade, bem como, aprimoramento das faculdades que porventura possuam.

Para atender justamente ao grande número de médiuns nestas condições, vimos criando nestes últimos anos nos Grupos Integrados à Aliança Espírita Evangélica, como padrões a serem seguidos por outras instituições, cursos intensivos de triagem mediúnica com base neste método, e constatamos que os resultados, quando os dirigentes são convenientemente competentes e aptos a interpretá-lo, têm sido sempre altamente satisfatórios.

Com esta edição atingimos um ponto de estabilidade e eficiência na estruturação desta obra e qualquer acrescentamento porventura a fazer futuramente, se-lo-á somente a título de atualização da matéria ou da prática.

O Autor

I

Desenvolvimento Mediúnico

CONSIDERAÇÕES GERAIS

Segundo é notório, nenhum processo, até o presente, foi adotado para o desenvolvimento prático de faculdades mediúnicas; nenhum sistema metódico e de caráter didático que, na realidade, resolvesse as inúmeras dificuldades e sutilezas que tal problema apresenta, dos pontos de vista técnico e operacional.

O termo tão geralmente empregado de **desenvolvimento mediúnico** tem várias significações. Desenvolver significa dar seguimento, ampliar, fazer crescer, tornar mais forte, aumentar, fazer progredir, etc.

Como já dissemos, aplicado à mediunidade significará: ajudar a manifestação de faculdades psíquicas, auxiliar sua eclosão, orientá-las, ampliá-las, educá-las, etc., envolvendo, portanto, providências e ações de natureza intelectual, moral e técnica.

O caráter intelectual é aquele que obriga o médium a instruir-se na Doutrina, da qual deverá ser um exemplificador e um arauto capacitado e não um agente inculto, que age por fé cega e fanática.

O caráter moral — que é essencial para se obter êxito na tarefa mediúnica — é aquele que exige evangelização, a reforma íntima, para fazer do médium um expoente, assegurar-lhe comunhão permanente com esferas espirituais elevadas e autoridade moral na exemplificação pessoal.

Edgard Armond

O caráter técnico, finalmente, se refere ao adestramento das faculdades, para que o médium saiba agir com eficiência, adquira flexibilidade mediúnica e autocontrole em todas as circunstâncias.

Estes três setores correspondem aos três aspectos — filosófico, religioso e científico — que caracterizam a Doutrina dos Espíritos.

Quando eclode a mediunidade, pela reiteração dos indícios ou, mesmo, por manifestações mais expressivas, os médiuns procuram casas espíritas ou grupos particulares, via de regra neles não encontrando processos seguros, eficientes e positivos de orientação, educação e desenvolvimento mediúnicos, como seria necessário; vagueiam de uma parte para outra sujeitando-se a variadas e tantas vezes grotescas e arbitrárias experimentações recebendo, muitas vezes, orientação contraproducente, carregando-se de viciamentos que, comumente, levam até mesmo à perda de faculdades ou, em melhor hipótese, cristalizando-se em rotina, sem o menor progresso ou aproveitamento.

Por toda parte o que se observa é um generalizado empirismo, quando não o arbítrio individual ditando regras, produzindo desorientação, malbaratando valores mediúnicos aproveitáveis e retardando a difusão doutrinária.

O que predomina é o sistema que vem de longa data, que vem de longe, de mandar que os médiuns se sentem às mesas e aguardem o desenvolvimento, a mediunidade se manifestando por si mesma, como for possível, sem nenhum método ou encaminhamento, pela ação dos Espíritos desencarnados, bons ou maus, que freqüentam essas reuniões, ficando os médiuns sujeitos a verdadeiras aventuras que também podem terminar bem ou mal.

Desenvolvimento Mediúnico

Nessas reuniões, principalmente as de terreiro, agem, quase sempre, Espíritos ignorantes, que violentam as faculdades, forçando sua eclosão por vários meios, inclusive por processos hipnóticos, para assim obterem resultados mais rápidos e conquistarem os médiuns para o convívio de seus agrupamentos. Tais processos são altamente desaconselháveis, não só porque atentam muitas vezes contra o livre-arbítrio como, também, porque produzem desequilíbrios psíquicos e orgânicos de muitas espécies.

É fora de dúvida que as forças espirituais, sobretudo as de esferas inferiores, não podem ser manejadas de qualquer maneira, por qualquer pessoa, sem resguardo e preparação adequada, sem um mínimo tolerável de conhecimento especializado.

O sistema antiquado de **sentar à mesa** — que é uma tradição que vem dos primeiros tempos do Espiritismo — não passa de um hábito que deve ser substituído por **conhecimento especializado** e é nesse sentido que escrevemos este trabalho e o apresentamos aos confrades dirigentes de sessões espíritas e de cursos de médiuns, na esperança de que seja útil e resolva tão delicado e antigo problema funcional, ou, quando não, que pelo menos valha como uma sincera cooperação.

Em 1947 publicamos o livro *Mediunidade*[1] no qual estudamos o problema mediúnico em seus aspectos gerais, avançando conhecimentos que por alguns foram julgados inovações ou intromissões de esoterismo na seara espírita[2]. Nesse livro propusemos regras e normas para um desenvolvimento racional da mediunidade, apresentando-as sob forma teórica

---

[1] Editora Aliança.

[2] O Espiritismo, porventura, não faz parte do espiritualismo universal planetário? Ou é uma seita fechada e exclusivista? Na realidade é uma doutrina racional, universalista e evolutiva.

e escolástica ou didática e, por isso mesmo, rigorosamente metodizadas; e agora julgamos que é oportuna a apresentação de processos especializados de desenvolvimento prático, como complemento às instruções já difundidas em obras que cogitam do assunto, a partir do *Livro dos Médiuns*, de Allan Kardec.

Apresentamos, pois, neste trabalho, esquemas e regras para a criação de cursos regulares de desenvolvimento e aprimoramento mediúnicos, exclusivamente práticos, para todos aqueles que já possuem conhecimentos doutrinários teóricos suficientes, obtidos em cursos e escolas existentes ou, diretamente, em obras adequadas.

Julgamos também que o desenvolvimento mediúnico deve agora libertar-se do empirismo, do misticismo religioso, do arbítrio pessoal e das improvisações, evoluindo para o aspecto científico-religioso, com bases e métodos claros e positivos e sob orientação de pessoas competentes, preparadas previamente e habilitadas em todos os sentidos.

Os médiuns lidam com elementos delicados: vibrações, fluidos, reações do psiquismo e do metabolismo orgânicos, energias cósmicas, na maior parte das vezes desconhecidas, etc., que podem causar males e bens indistintamente, segundo o modo pelo qual sejam manipulados, utilizados.

Nos casos de curas, por exemplo, esquematizamos, em outras obras, trabalhos em que aplicamos fluidos da corrente magnética de base, ao mesmo tempo vibrações diretas sobre pontos ou órgãos do doente, ou sobre o Espírito desencarnado (nos casos de doenças espirituais) e, ainda, energias cósmicas, canalizadas pelos operadores espirituais, ou captadas pelos chacras dos próprios médiuns presentes.

Trata-se, pois, de um assunto delicado e complexo que não pode nem deve ser tratado empiricamente e que exige dos

Desenvolvimento Mediúnico

que o executam, estudos especiais e capacidade operacional comprovada.

Indispensáveis como já dissemos, são as realizações do campo da vida moral para o êxito da tarefa mediúnica, mas, é fora de dúvida que, no que respeita ao desenvolvimento mediúnico no setor técnico, o problema se mantém inalterado, face aos notáveis progressos que se verificam nos demais setores doutrinários.

Por isso julgamos que o treinamento de faculdades e as manifestações, em si mesmas, devem se deslocar para o campo do Espiritismo experimental ou científico.

Para justificar o que estamos propondo, vamos passar uma rápida revista no que ocorre, por exemplo, nos casos de incorporação, para ver se o fenômeno realmente se enquadra nesse campo.

O que ocorre na incorporação?

No Plano Espiritual há sempre um agente próximo ou distante, que executa junto ao médium uma ação direta ou afastada, consciente ou inconscientemente.

Para demonstrar, tomemos por base a transmissão telepática das incorporações consciente e semiconsciente, nas quais o agente desencarnado funciona como aparelho transmissor que, por vontade própria, utilizando-se da mente (órgão de funcionamento pouco conhecido), emite idéias e pensamentos, na forma de ondulações vibratórias, sonoras e coloridas, animadas de uma vitalidade própria, que se projetam e são captadas (duma forma que ainda não se conhece, mas provavelmente, com base em sintonia) pela mente de um receptor encarnado (o médium), que vive em esfera vibratória diferente, muito mais densa, e que sofre interferências de muitas origens

Esse órgão — a mente — é situado no perispírito dos agentes (fato que a ciência acadêmica ainda não admite por

Edgard Armond

falta de comprovações concretas e insofismáveis) e no campo receptor — o médium — a ondulação é recebida pela mente, interpretada, transformada, ampliada e retransmitida pelo cérebro através do sistema nervoso, para a devida ação nos órgãos da palavra falada: laringe, cordas vocais, etc. os quais são acionados para a retransmissão da idéia original, no mundo material que rodeia o médium.

Como se vê desde o início, o fenômeno é essencialmente classificável no campo científico, o mesmo podendo se dar com o recebimento de ondas de luz e de som, da vidência e da audição e outras modalidades que são práticas correntes nos trabalhos espíritas.

Na vidência, o que ocorre?

O médium, possuidor de faculdades especiais e próprias, vê quadros, símbolos, paisagens, entidades animais e humanas não visíveis normalmente pelos sentidos físicos. Com essas faculdades, ultrapassa o limite vibratório que a ciência já mediu, de tantos milhões de vibrações por segundo, dentro do qual a visão comum se exerce, passando a ver em plano superfísico, ainda não admitido pela ciência, porém, nem por isso menos real.

O mesmo ocorre com a audição, no que se refere às ondas sonoras, que são percebidas pelos médiuns em grau vibratório acima do compatível com o ouvido humano comum.

Assim também sucede com a psicografia: o médium entrega seu braço a uma entidade invisível, de existência contestada pela ciência, o que todavia não impede que essa entidade insensibilize o braço, bloqueie os nervos que vão ao cérebro e atue por processos adequados na musculatura do braço e nas articulações, para que possa manejá-los desembaraçadamente, escrevendo o que deseja pela mão do médium. Quantos fenômenos juntos!

Desenvolvimento Mediúnico

E nos chamados "efeitos físicos" que inumeráveis circunstâncias e fenômenos cada um por si mesmo, prova evidente de interferências de entidades invisíveis, do outro plano vibratório, em nosso mundo denso! Estes fatos que por agora ainda são considerados fenômenos anormais, poderão ser de futuro, francamente acessíveis à maioria dos seres humanos quando a ciência, deixando de lado suas reservas inibitórias, devote-se a tais estudos, como o faz em relação a outros e fabrique aparelhamentos adequados à captação dessas imagens e desses sons situados além dos limites da luz e do som atualmente estabelecidos; enverede pelo campo das transformações da energia, construindo **transformadores** que multipliquem várias vezes as vibrações próprias do nosso plano, até atingir além do seu limite.

A título de curiosidade, anotamos o fato contraditório de a ciência admitir que seres inferiores, animais e até mesmo insetos, possuam capacidade de visão e de audição superiores às do homem e no entanto, negam a este as mesmas possibilidades!

Na vidência há duas linhas distintas de fenômenos que são: os que vão do médium para fora (extrínsecos) e os que vêm de fora para o médium (intrínsecos). Nos primeiros, a capacidade de ver com os olhos do perispírito, permite aos médiuns surpreender diretamente no Plano Espiritual as atividades desse plano, de condição vibratória mais rápida; nos segundos perceber quadros, paisagens, símbolos, etc., formados ideoplasticamente pelos Espíritos desencarnados e projetados no seu campo de visão no mundo denso; o mesmo se verificando nos casos de audição, com as diferenças vibratórias de luz (maior rapidez e amplitude) para som (menor rapidez e menor amplitude).

Estamos na era da eletrônica e grande parte dos fenômenos que se dão através da mediunidade são desse campo,

Edgard Armond

notadamente os referentes às curas, onde o eletromagnetismo entra em larga escala, seja nas operações mediúnicas diretas sobre o corpo humano, cortando músculos e vísceras, ou simplesmente promovendo afastamentos celulares; seja na ação puramente perispiritual, com projeção sequente de efeitos no corpo denso.

Vejam-se as curas na Inglaterra e as materializações nos Estados Unidos, muitas vezes à plena luz do dia, por efeito de condensações extremas de fluidos humanos e cósmicos.[33]

Tudo isso são assuntos de Espiritismo científico, que exigem médiuns não simplesmente autômatos mas, bem ao contrário, capacitados e responsáveis.

APRESENTAÇÃO DO MÉTODO

O desenvolvimento mediúnico se estrutura no método que denominamos "Das Cinco Fases" ou estágios, que permite realizá-lo gradativa e seguramente, eliminando dúvidas, incertezas e suposições errôneas anteriores, e, sobretudo, dando-lhe um sentido racional, próprio do Espiritismo.

Experiências de muitos anos realizadas com inúmeros médiuns e em diversos locais do estado de São Paulo, provaram o Método e mostraram que, na realidade, resolve o sério e secular problema da iniciação mediúnica racional, sem misticismo exagerado, eliminando a suposição generalizada de serem os médiuns seres privilegiados e missionários.

Esse método se integra no setor científico da Doutrina, libertando também os médiuns da crença errônea da passividade cega aos Espíritos comunicantes.

Esse método é aplicado no primeiro estágio do desenvolvimento, onde faz verdadeira triagem de selecionamento

---

[3] Ver *Entendendo o Espiritismo*, Editora Aliança. (Nota da Editora)

qualitativo e continua nos estágios seguintes: "Progressivo e Completivo" (2º e 3º respectivamente), este último já na fase final do aprendizado, com desdobramentos e intercâmbio direto com os Planos Espirituais Superiores.

Assim como nas formas telepática (incorporação consciente e semi-consciente) agem energias vibratórias que transitam entre estações mentais receptoras e transmissoras, assim na vidência e na audição ocorre a captação de ondulações e raios coloridos e sonoros de várias origens como, por exemplo, paisagens e cenas naturais do mundo espiritual, ou quadros e imagens projetados por Espíritos encarnados ou desencarnados. A totalidade desses fenômenos pertence ao setor científico da Doutrina e somente agora estão eles saindo da obscuridade do misticismo para as luzes do conhecimento revelado, com apreciável clareza.

Isso somente poderia ser feito pelo Espiritismo, doutrina ainda pouco conhecida em sua verdadeira essência e finalidades redentoras.

Método algum existia antes para controle da eclosão mediúnica e desenvolvimento prático realizado de forma prática, objetiva e didática; como também para a disciplinação do desenvolvimento do adestramento das faculdades e para a orientação de sua utilização nos seus diferentes e variados aspectos.

E nos casos em que as faculdades já existiam antes, com utilização, muitas vezes empírica ou viciosa, com desconhecimento de origens, técnica, e ética operacional, este método elimina as falhas, corrige os erros e defeitos, expandindo seu campo de ação, ampliando os horizontes do trabalho, limitando as possibilidades de erros para dar autenticidade aos resultados do trabalho do médium.

Permite-lhe também, sempre no mesmo teor de segurança e autenticidade, conhecimento relativo das esferas da crosta planetária e do Umbral e ainda além, até onde sua capacidade mediúnica possa alcançar.

Esse desenvolvimento exige um mínimo razoável de conhecimentos gerais doutrinários, obtidos em escolas e cursos de preparação, ou no manuseio bem orientado de obras adequadas e especializadas.

Os médiuns que duvidam de si mesmos e se atemorizam com a posse da mediunidade são, justamente, aqueles que nada conhecem dessa meritória atividade doutrinária pela inexistência de tratados especializados, bastando as primeiras lições para que adquiram a indispensável confiança.

E aqueles que, mesmo assim, apresentam atividade alternativa e medíocre (salvo casos justificáveis), quebram a sintonia e a comunhão com o Plano Espiritual, imantam-se às esferas vibratórias inferiores, rodeiam-se de más influências e acabam por fracassar nas suas tarefas nobilitantes.

Nestes casos, para se refazerem, devem promover uma rigorosa e demorada autotransformação, higienizando a mente com propósitos e pensamentos positivos e disposição íntima de confiança e humildade, serviços ao bem dos semelhantes, conduta moral elevada e reta e desprendimento pessoal em relação às futilidades mundanas que tão comumente desmerecem e, mesmo aniquilam seus trabalhos.

II

Desenvolvimento Primário

Sempre refundindo e completando a publicação anterior — *Mediunidade Prática* — iniciaremos agora a exposição do **desenvolvimento primário.** Para ser eficiente, como já dissemos, o desenvolvimento deve operar-se em três setores de esforços definidos e complementares que são:

1) o aculturamento doutrinário — setor filosófico;
2) a evangelização — setor religioso;
3) a técnica — setor científico.

O que quer dizer:

1) conhecimentos gerais de doutrina e conhecimentos especializados sobre mediunidade;
2) reforma íntima com base no Evangelho;
3) exercitamento prático.

O aculturamento é feito em sessões de estudos, palestras e conferências públicas, além da difusão pela imprensa e pelo livro; os conhecimentos especializados são ministrados na Escola de Médiuns, criada em 1948; a reforma íntima é feita na Escola de Aprendizes do Evangelho e na Fraternidade dos Discípulos de Jesus, formadas de turmas numerosas e sucessivas de candidatos, anualmente; o exercitamento prático, finalmente, além da Escola de Médiuns, é feito também em cursos intensivos de triagem mediúnica.

Edgard Armond

Toda a matéria dada nesses cursos e escolas é previamente publicada para conhecimento geral em livros adequados.[4]

Vejamos, então, como agir neste último setor — o do exercitamento prático — que aliás é o motivo central deste nosso trabalho.

Trataremos da parte prática dentro do seguinte esquema padrão:

AS CINCO FASES DO TRANSE:

DESENVOLVIMENTO

I
PRIMÁRIO
(INICIAÇÃO)
⇒
PERCEPÇÃO DE FLUÍDOS
APROXIMAÇÃO
CONTATO
ENVOLVIMENTO
MANIFESTAÇÃO

II
PROGRESSIVO
(ADESTRAMENTO)
⇒
DOUTRINAÇÃO DE
ESPÍRITOS EM GERAL
⇒
ENCOSTOS
OBSESSÕES COMUNS
OBSESSÕES AVANÇADAS
POSSESSÕES
VAMPIRISMOS

III
COMPLETIVO
(APRIMORAMENTO)
⇒
TRABALHOS DE CONJUNTO ⇒ CORRENTES DE CURA E SUPORTES MAGNÉ-TICOS

TRABALHOS GERAIS DE DIFUSÃO DOUTRINÁRIA ⇒ ESTUDOS PRÓPRIOS PUBLICAÇÕES ORATÓRIA

TRABALHOS ESPECIAIS COM GUIAS E INSTRUTORES; DESDOBRAMENTOS ⇒ INTERCÂMBIO COM O PLANO ESPIRITUAL SUPERIOR

---

[4] Os cursos práticos são feitos com base nesta obra e no livro *Passes e Radiações*. Os teóricos constam da matéria publicada sob o título *Mediunidade*. Os de evangelização estão contidos em *Iniciação Espírita*. A matrícula nestes cursos exige o estágio no Curso Básico, que fornece noções gerais da Doutrina dos Espíritos.

Desenvolvimento Mediúnico

Desde o início devemos considerar duas hipóteses: organizar o trabalho tendo em vista sessões familiares nos lares[5], agrupamentos e centros espíritas de pequeno movimento, com número reduzido de médiuns a desenvolver; ou trabalho em casas espíritas de grande movimento, com avultado número de médiuns a desenvolver.

No primeiro caso as sessões podem ter caráter misto, o desenvolvimento mediúnico sendo uma parte comum dos trabalhos gerais; mas no segundo o trabalho deve ser rigorosamente especializado.

Conquanto em ambos os casos o método aqui proposto possa ser utilizado, adaptado, todavia aqui nos referiremos somente ao segundo caso (casas de grande movimento).

PRELIMINARES

1) Somente incluir nas turmas de desenvolvimento mediúnico, candidatos previamente examinados e realmente possuidores de mediunidade em condições favoráveis, isto é, mediunidade-tarefa.

2) Fazer uma exposição sumária sobre o método a empregar, explicando as finalidades, os motivos e os resultados que pode oferecer, frisando que as "Cinco Fases" preenchem todas as necessidades do desenvolvimento primário servindo, além disso, de base fundamental aos demais.

3) Fazer as verificações necessárias para selecionar os médiuns com faculdades já manifestadas, que deverão acompanhar a turma no desenvolvimento primário, em caráter de revisão, reajuste, prosseguindo depois nos estágios mais avançados.

---

[5] Geralmente as atividades realizadas nos lares constituem embriões de futuras casas espíritas. (Nota da Editora)

Edgard Armond

4) Separar as mediunidades pela sua natureza e condições, formando grupos à parte: os que **escrevem**, junto à mesa, os que **vêem**, numa parte separada da sala e os que **falam**, em outra.

5) Nomear um auxiliar para dirigir cada turma, zelando pela assiduidade, disciplina de trabalho, apuração de resultados parciais, etc.

6) Um pouco mais para diante, na turma de incorporação, após as verificações necessárias, separar os médiuns pelo grau que manifestarem de **consciência** no transe, sem contudo separá-los da turma. Esse grau de consciência e a situação mediúnica (itens 2 e 3), poderão ser verificados no decorrer dos próprios trabalhos, ou em testes individuais, em separado, como segue.

7) Para efeito de **desenvolvimento** e uniformidade, fazemos as seguintes definições sobre mediunidade:

Mediunidade potencial

Condição comum a todas as pessoas cuja organização psíquica assegura possibilidades de percepção hiperfísica.

Sensibilidade mediúnica

Elevação da percepção psíquica além dos limites normais do plano físico.

Fundo mediúnico

Avanço da sensibilidade no sentido do intercâmbio espiritual. Explorada por Espíritos inferiores e ignorantes, haverá forçamento das glândulas cerebrais e desenvolvimento fictício com decorrência de perturbações mais ou menos graves.

Através da vidência, observa-se que as glândulas apresentam luminosidade mortiça. Há indícios exteriores.

Mediunidade tarefa

Faculdades psíquicas à disposição dos Espíritos do Bem, outorgadas a Espíritos endividados, sob compromisso de trabalho no plano coletivo.

No desenvolvimento as glândulas são acionadas por Espíritos responsáveis e na vidência, manifestam luminosidade espontânea com aumento progressivo de intensidade. Indícios exteriores bem evidentes.

Testes Individuais Prévios de Verificação

1) Concentração isolada, unicamente entre médium e instrutor.

2) Recomendar que não se emocione, não faça preces, não evoque Espírito algum, nem mesmo o protetor individual, não se inquiete nem se preocupe com os resultados do teste, ficando atento ao instrutor.

3) Mandar que o médium permaneça em estado receptivo e neutro, aguardando 2 a 3 minutos; inquirir se sente fluidos, presenças, contatos; em caso afirmativo mandar que se entregue e receba o que vier do Plano Espiritual. Verificar o que foi recebido e transmitido, examinar o conteúdo, a forma, o estilo, o estado do médium ao receber, etc.

Em caso negativo, agir diretamente sobre o médium com projeções de fluidos para examinar as reações e a sensibilidade; dar passes para adormecer, para facilitar ou forçar a recepção. Continuando a ser negativa, encerrar a prova. Mandar em seguida que se concentre para receber como de

Edgard Armond

costume, medir o animismo, os viciamentos, as perturbações que manifestar.

O mesmo processo deve ser adotado para os casos de vidência, audição, com a técnica correspondente a essas modalidades.

DEFINIÇÕES[6]

Chacras — Centros de força, receptores e transmissores de energia cósmica e espiritual; alimentadores do metabolismo perispiritual.

Fluido — Energia cósmica de natureza magnético-plástica, recebida pelos chacras e pela respiração; alimentadora do metabolismo perispiritual e do corpo denso.

Vibrações — Ondulações energo-psíquicas (no homem), oriundas da mente e do coração, utilizadas para trabalhos espirituais. Cientificamente, vibração é a intensidade medida do ritmo atômico nos seres.

Radiação — Projeção direta e concentrada de energia mental ou fluídica. Difere da vibração mental unicamente no teor de dinamismo. Cientificamente, é a emanação espontânea do metabolismo geral dos seres.

Ectoplasma — Substância fluídico-plástica provinda do corpo etéreo; emanação residual do metabolismo celular.

Corpo etéreo — Formação fluídico-plástica, emanada do corpo orgânico, altamente sensível e vitalizada, que se mostra 2 a 3 centímetros além da superfície do corpo físico, do qual é um duplicado e que se desintegra dias após o desencarne do Espírito.

---

[6] Definições pessoais do autor. (Nota da Editora)

Desenvolvimento Mediúnico

Aura — Emanação do perispírito, visível em torno do corpo, sobrepondo-se ao corpo etéreo e o ultrapassando em maior ou menor amplitude, segundo o grau de evolução do indivíduo. Possui um fundo colorido estável e uma parte instável formada por: a) resíduos psíquicos em trânsito; b) estrias, também coloridas, que representam os pensamentos e as emoções momentâneas do indivíduo.

Perispírito — Envoltório do espírito, intermediário para o corpo denso; formado de fluidos plásticos próprios do plano espiritual em que ele atua; matriz do corpo orgânico.

Mente — Órgão perispiritual utilizado pelo Espírito para suas relações com o meio exterior. Divide-se em três setores de ação: **superconsciente** — relações com o Plano Espiritual; **consciente** — atividades do momento; **subconsciente** — arquivo de reminiscência, o setor mais movimentado e atuante no homem inferior.

Transe — Ação mais ou menos ativa e demorada de entidades e forças **extra-sensoriais** sobre o cérebro orgânico, com alterações do equilíbrio dos **sentidos físicos**; abertura da mente para recebimento de impressões do mundo espiritual. Para a incorporação, há cinco fases distintas no transe: percepção de fluidos, aproximação, contato, envolvimento e manifestação.

Energias cósmicas — Todas as energias, raios e ondas, oriundas do espaço cósmico, que atuam sobre os seres, das quais um exemplo é o Prana, também chamado Força Vital, e outros nomes.

Plexos — Conjuntos e aglomerados de nervos e gânglios do sistema nervoso vago-simpático, regulador da vida vegetativa do corpo humano.

25

Edgard Armond

Passes — Transmissão de energia físico-perispirituais sobre órgãos ou setores do corpo humano, para cura de perturbações materiais ou espirituais.

PREPARAÇÃO DO AMBIENTE

Em todos os trabalhos espirituais bem orientados, a preparação prévia do ambiente é indispensável porque visa a criação de um campo vibratório magnético adequado, que deve sempre ser selecionado e moralmente elevado, para facilitar a descida e a tarefa dos instrutores, orientadores e protetores do trabalho.

Quanto mais forte o grau de energismo magnético, mais fáceis e proveitosas as manifestações do Plano Espiritual.

Para isso é necessário conduzir os cooperadores à unidade de pensamentos em torno de idéias altas e construtivas como: a paz, a harmonia universal, a fraternidade, etc., com a mesma unidade no setor dos sentimentos como: bondade, tolerância, amor, etc., levando os cooperadores a pontos gradativamente mais altos da vibração de cada um. A unidade é fundamental porque tanto os pensamentos como os sentimentos possuem freqüências vibratórias diferentes e variáveis para cada cooperador.

Considerados estes detalhes, iniciar o trabalho de preparação ensinando aos cooperadores como agir individualmente: cada um entrando, tomando seu lugar, buscando o silêncio interno, alheiando-se do mundo exterior e a mente presa ao motivo central da reunião. Passar em seguida à elevação do padrão vibratório, gradativamente, os alvos para obter a unidade de pensamentos e de sentimentos pedindo a cada um que mentalmente anote as diferenças vibratórias que sentirem.

Desenvolvimento Mediúnico

Assim pode-se atingir altos níveis vibratórios, estabelecendo sintonia com esferas elevadas ou, no mínimo, assegurar um ambiente atraente e compatível com manifestações espirituais. Neste exercício a mente desempenha papel importante, porque vai sempre na frente, na função idealizadora, que antecede a realidade.

Não importa que de início haja auto-sugestionamentos porque, com o correr dos exercícios, este fenômeno secundário será suplantado pela realidade definitiva.

ABERTURA

Ensinar como realizar uma concentração correta (fechar a mente para o exterior, focalizá-la no objeto de interesse do momento), e como manter a sintonia com o Plano Espiritual durante todo o decorrer do trabalho, após a concentração inicial.

Enquanto não se conseguir ambiente adequado, padrão vibratório elevado e sintonia permanente, não deve a sessão ser aberta, porque estas são condições mínimas de segurança e estabilidade, que devem sempre existir nos dois planos em qualquer trabalho espírita bem conduzido.

O comum é concentrar, fazer a prece e abrir sem preocupações com preparação, ambiente favorável e sintonia entre os planos, o que é um erro. Uma preparação bem feita, sem preocupação de minutos, representa por si só, grande parte do êxito das realizações que se têm em vista com o trabalho a iniciar.

Somente, pois, após essa preparação bem feita, garantidora de harmonia e segurança, deve a sessão ser aberta com a prece costumeira.

Edgard Armond

AS CINCO FASES DO TRANSE

Tomando por base a incorporação (a manifestação mediúnica mais generalizada) eis a sua divisão em cinco fases:

1) a percepção de fluidos;
2) a aproximação;
3) o contato;
4) o envolvimento;
5) a manifestação.

Estas Cinco Fases preenchem todas as necessidades do desenvolvimento no período primário e servem também de base aos demais, porque são fundamentais para todos os casos e, na aplicação deste processo, para que haja êxito, o trabalho deve ser executado rigorosamente em pleno acordo com o Plano Espiritual, mediante entendimento anteriormente feito.

Explicado isso, passar imediatamente à execução do trabalho, fase por fase, explicando uma por uma, com as repetições que forem necessárias, até se obter desembaraço e flexibilidade funcionais.

1ª Fase
Percepção de fluidos

Os Instrutores espirituais estudam o organismo dos médiuns, anotam os pontos sensíveis, medem a sensibilidade de cada um; quando o dirigente encarnado pede seu concurso, eles projetam o jato de fluido sobre esses pontos e os médiuns devem forçosamente sentir a projeção: 1) porque eles agiram nos pontos certos; e 2) porque fizeram a projeção de acordo com a sensibilidade.

Desenvolvimento Mediúnico

Se o médium, mesmo assim, não sentir a projeção, é porque, então, não possui mediunidade em condições de desenvolvimento, não possui **mediunidade-tarefa**, que é a única suscetível de desenvolvimento normal e que possui **um mínimo de sensibilidade** e de tonalidade vibratória perispiritual que comporta o desenvolvimento.

Há porém, casos em que o médium não reage porque há degeneração do tecido nervoso por efeito do álcool, fumo, entorpecente, contatos assíduos com fluidos pesados, deletérios.

Nesses casos, a sensibilidade está embotada, entorpecidos e inoperantes os veículos da ligação com a mente, através do cérebro.

A percepção nos órgãos da sensibilidade, sujeita-se às mesmas leis dos sentidos; é como ver e ouvir: só vemos ou ouvimos, vibrações de luz ou de som, dentro de certos limites, numa escala determinada. No nosso caso, o cooperador espiritual levanta ou abaixa a vibração do fluido a projetar, densificando-o mais ou menos, dentro dos limites da sensibilidade do médium e, se a sensibilidade é muito baixa, ele lança mão até mesmo de fluido pesado para que sua atuação seja eficiente, e se possa definir a mediunidade.

Uma projeção sobre o bulbo, por exemplo, pode ser sentida pelo médium nos ombros, nos braços, nas mãos, na cabeça, como um jato ou uma ondulação quente, fria, suave, violenta, etc., com a intensidade necessária para ser de fato sentida.

O dirigente encarnado poderá usar um quadro discriminativo das projeções e das reações para interpretá-las e definir as mediunidades que os médiuns possuem.

Quando estes já possuem mediunidades manifestadas, devem, mesmo assim, acompanhar a turma neste período

Edgard Armond

primário, quando mais não seja, pelo menos para despertar ou reeducar a sensibilidade embotada, porque grande número de médiuns destes, só trabalha com fluidos pesados, tornando-se por fim, insensíveis aos fluidos finos utilizados neste método, que visa a formação de médiuns aptos a trabalhos em qualquer faixa.

Além disso a reeducação da sensibilidade como aconselhamos, vai se tornar muito necessária no transcorrer do curso, quando entrarem os médiuns nos períodos seguintes.

Para melhor esclarecimento, damos o seguinte quadro demonstrativo (página seguinte) das projeções na **primeira fase**.

A capacidade de **sentir fluidos**, tecnicamente desenvolvida, permite ao médium determinar no seu próprio organismo o ponto ou os pontos de incidência, segundo a natureza dos fluidos, selecionando-os por sua categoria vibratória, entre os extremos do bom e do mau, do benéfico e do maligno, do fino e do pesado, do excitante e do sedativo, do quente e do frio, etc., podendo assim, com o correr do tempo, formar para seu próprio uso, uma escala de valores fluídicos de inegável utilidade na vida prática.

Permitirá também que os médiuns possam e saibam se defender dos ataques contra eles desfechados pelos maus Espíritos, como dos fluidos dos ambientes malsãos, como ainda, identificar os Espíritos que deles se aproximem, distinguindo e classificando as vibrações lançadas a distância e delas defendendo-se em tempo hábil.

(Primeira fase: percepção de fluidos)

MAPA DEMONSTRATIVO DAS PROJEÇÕES

MÉDIUNS	LOCAL	NATUREZA DO FLUIDO	REAÇÕES	INTERPRETAÇÃO
JOÃO MARTINS	CÉREBRO LADO ESQUERDO ACIMA DA ORELHA	FRIO CALMANTE SUAVE EM ONDULAÇÕES	SONOLÊNCIA VISTA TURVA PÁLPEBRAS PESADAS	AÇÃO SOBRE A PINEAL MEDIUNIDADE DE INCORPORAÇÃO COM POSSIBILIDADE DE INCONSCIÊNCIA
MARIA LUIZA	BULBO	QUENTE, ÁSPERO IRRITANTE EM RAJADAS REFLETINDO-SE NA CABEÇA E NOS OMBROS	MAU-ESTAR ENJÔO DE ESTÔMAGO FALTA DE AR	AÇÃO SOBRE O VAGO COM FLUIDOS PESADOS MEDIUNIDADE DE INCORPORAÇÃO COM POSSIBILIDADES DE EFEITOS FÍSICOS
EDUARDO SILVA	BRAÇO DIREITO E MÃO	LEVE, EM ONDULAÇÕES DESCENDO ATÉ AS MÃOS	NENHUMA	MEDIUNIDADE DE INCORPORAÇÃO PARCIAL PARA ESCRITA TELEPÁTICA

Edgard Armond

O exercício deve ser repetido duas ou três vezes e de cada vez o dirigente fará uma preparação ligeira; depois mandará **concentrar para receber**, solicitando a ação imediata dos cooperadores espirituais; aguardará um a dois minutos, findos os quais mandará descansar, relaxar e de cada um em separado (se a turma for pequena) ou em conjunto, mediante levantamento da mão ou do braço (se for numerosa), indagará sobre os resultados, que anotará no mapa referido.

Após o último exercício, que servirá também para comprovação de resultados, encerrará o trabalho prático e passará à segunda parte, que constará de recomendações finais, crítica sobre os resultados apurados e intercâmbio com o Plano Espiritual, utilizando médiuns de **incorporação** porventura existentes na turma e já **desenvolvidos** e que agirão livremente, como de costume, desde que, bem entendido, sejam aptos para receber **instrutores**. Caso não haja médiuns capacitados, fará vibrações em benefício de necessitados em geral e encerrará o trabalho.

2ª Fase
A aproximação

Normalmente, na vida comum, aproximam-se dos médiuns, Espíritos encarnados e desencarnados das mais diversas categorias: amigos, inimigos, conhecidos, desconhecidos, sofredores, obsessores, credores, agentes de resgates, mistificadores, etc., porque a condição de médiuns de prova é atrativo para todos os casos.

Mas, em trabalhos espirituais, devidamente resguardados, sobretudo quando realizados de comum acordo entre os dois planos como, por exemplo, este de desenvolvimento mediúnico, somente podem se aproximar dos médiuns, Espíritos destinados a cooperar duma forma ou doutra, e isto pela

Desenvolvimento Mediúnico

simples razão de que é o próprio Plano Espiritual que regula e disciplina essas aproximações.

O instrutor espiritual que, na primeira fase lançara sobre o médium, de pequena distância, um jato de fluido, para verificar e medir sua sensibilidade agora dele se aproxima para fazer-se **pessoalmente sentido**; o médium deve, portanto, **sentir, perceber** a aproximação ou no mínimo sua **presença**. Esta fase é mais difícil que a primeira, porque nesta, o instrutor espiritual não executa nenhuma ação direta sobre o médium, cabendo unicamente à sensibilidade deste, perceber sua aproximação ou afastamento; mas, como na 1ª fase, tudo foi estudado previamente e somente se aproximam dos médiuns Espíritos cujas vibrações se afinam com as deles, justamente para que possam ser sentidas as aproximações sem maiores dificuldades. Neste caso, a maior ou a menor capacidade radiante do instrutor espiritual influi poderosamente no êxito da experiência e é óbvio que os cooperadores do Plano Espiritual selecionam instrutores capacitados para assegurar esse êxito, pelo menos na maioria dos casos.

Como na 1ª fase, o dirigente deve organizar seu mapa de anotações para controlar os resultados e interpretá-los, tendo também em vista que o corpo humano tem o lado direito positivo e o esquerdo negativo, sendo necessário às vezes, repetir experiências em lados opostos quando os resultados forem negativos. Esta fase exige um tempo um pouco mais prolongado que a anterior.

Terminada a verificação, explique-se aos médiuns que a sensibilidade às aproximações, permite aumentar a capacidade de defesa própria, quando se trata de agentes do mal cuja proximidade, mesmo sem contatos e somente pela radiação espontânea, é sempre maléfica, conquanto, quase sempre perceptível em tempo hábil.

33

O desenvolvimento desta capacidade dotará o médium de armas eficientes para evitar, mesmo nas suas relações humanas, aproximações e contatos com pessoas negativas, hostis, absorventes de fluidos vitais preciosos.

A aproximação não é percebida somente em certos pontos sensíveis, como na 1ª fase, podendo ser uma percepção geral em todo o organismo, porque todo ele recebe ao mesmo tempo as vibrações do Espírito desencarnado.

Se o médium sentiu a 1ª e não sente esta 2ª fase conclui--se: sensibilidade precária; inibição momentânea, alternativa que mais algumas experiências eliminarão.

3ª Fase
O contato

Nesta fase os operadores espirituais, já aproximados, estabelecem contato com o perispírito dos médiuns, de forma a serem realmente **sentidos**, agindo indiretamente sobre os chacras, ou diretamente sobre os plexos do corpo denso ou, nos seus **pontos de sensibilidade**.

Se agir sobre os chacras, o médium sentirá uma momentânea manifestação de sua mediunidade, porque a ação do instrutor se realiza no corpo etéreo; se a ação for nos plexos, haverão manifestações reflexas como repuxamentos, tremores, etc., na área enervada pelos nervos ligados àquele plexo; e, finalmente, se for nos "pontos de sensibilidade", a percepção será muito mais acentuada e localizada que nas fases anteriores e esta circunstância justamente distingue bem uma fase da outra.

Para esses contatos os instrutores espirituais são, às vezes, obrigados a operar fortes rebaixamentos vibratórios nos seus próprios perispíritos.

Desenvolvimento Mediúnico

Esse contato pode ser feito com as mãos ou, em maior área, com interpenetrações do perispírito, quando for muito baixa a sensibilidade do médium.

Apurados os resultados, explique-se em seguida aos médiuns que os contatos, na vida prática, quando pesados ou impuros, acarretam sérias perturbações espirituais e orgânicas e que o autocontrole que o médium adquire pelo conhecimento deste processo, lhe permitirá defender-se deles, seja quando diretos, seja quando antecedidos por projeções suficientemente densificadas ou quando venham de elementos astrais deletérios da mais variada natureza.

Esta prova, à medida que sua intensidade seja gradativamente aumentada levará, automaticamente, à fase seguinte.

4ª Fase
O envolvimento

O instrutor espiritual, por si mesmo ou através de uma terceira entidade, procurará assenhorear-se primeiramente da mente do médium envolvendo em seguida, caso possível, todo o perispírito, conforme o grau de afinidade que existir entre ambos.

Este passo deve ser mais demorado, dando tempo a que os instrutores espirituais procedam ao envolvimento, graduando-o segundo as necessidades.

Explicar aos médiuns que quanto mais intenso e integral for o envolvimento, maior será o grau de inconsciência do transe e que, nos casos de incorporação simplesmente telepática, o envolvimento não passará do cérebro espiritual.

Na vida normal, por força das interferências constantes dos agentes espirituais — e que aumentam de vulto nos casos de mediunidade — a falta de conhecimentos doutrinários, a

Edgard Armond

inferioridade espiritual, o descaso pela reforma íntima, são fatores que abrem portas bem amplas às influências negativas e malignas. Feitos os contatos preliminares, que são às vezes simples sondagens, as entidades inferiores vão aos poucos envolvendo suas vítimas, terminando o processo muitas vezes por franca dominação.

Perceber o envolvimento e cortá-lo logo de início eis o problema com o qual os médiuns têm que se haver, e é justamente esse processo de dominação que se demonstra pari passu com esta exposição das cinco fases do transe mediúnico, excluído todavia o trabalho de hipnotização, que é o recurso empregado pelos agentes do Mal quando encontram resistência de maior monta por parte da vítima.

Normalmente o envolvimento se realiza, como dissemos, em dois sentidos: com vibrações ou radiações sobre a mente do médium, para facilitar a recepção telepática, nos casos de incorporação consciente e semiconsciente, ou diretamente sobre os órgãos da sensibilidade perispiritual, por meio de fluidos magnéticos.

Nos casos de incorporação inconsciente o processo é aprofundado para se conseguir as alterações necessárias no psiquismo a saber: turbamento mental e bloqueio momentâneo das zonas do super e do subconsciente (para reduzir interferências espirituais); desligamento dos centros da volição individual com esvaecimento, adormecimento ou exaltação, segundo o caso e, em seguida, para transferir para os centros da sensibilidade, as vibrações adequadas à produção, nesse corpo, das alterações orgânicas funcionais indispensáveis. Ao mesmo tempo e por força de todas estas interferências a vibração perispiritual do Espírito desencarnado se sobrepõe, para adequar-se à do médium, estabelecendo-se então sintonia vibratória em todo o organismo.

Desenvolvimento Mediúnico

Somente depois de tudo isso é que é possível ao agente espiritual utilizar os órgãos da fonação do médium — faringe, laringe, cordas vocais e movimentar músculos e nervos, contraindo-os ou distendendo-os, para produzir sons, frases e falar como deseja.

Nos casos de mediunidade consciente ou semiconsciente, como já explicamos, o envolvimento não passa do primeiro ato, bastando efetuar o envolvimento mental, que pode ser feito em presença ou a distância, sem medida, pois que nos planos espirituais não há espaço nem tempo.

Nestas duas últimas formas citadas, a ação dos agentes espirituais é mais rápida, mais imediata e mais fácil, podendo eles prontamente transmitir mensagens, instruções de trabalho, advertências, inspirações, atitude a tomar em casos urgentes, imprevistos, etc.

Incorporação consciente

Um dos obstáculos encontrados pelos médiuns portadores de incorporação consciente e que os inibe fortemente no exercício de suas tarefas, é o não terem certeza de que o que falam vem do Espírito comunicante e não deles mesmos.

Conquanto seja verdadeiro que o subconsciente tem possibilidades constantes de interferir nas comunicações, emitindo reminiscências de conhecimentos, ocorrências, acontecimentos sociais ou domésticos e inúmeras outras recordações indelevelmente arquivadas nos seus escaninhos, também é verdade que suas interferências podem ser afastadas de forma segura, garantindo ao médium, campo limpo e livre para o recebimento das idéias, pensamentos ou palavras que vêm diretamente do Espírito comunicante.

Para isso proceda-se da seguinte forma: ao receber as impressões telepáticas (idéias e pensamentos), peça-se

Edgard Armond

confirmação e, se mesmo assim, permanecerem as dúvidas, peça-se aos Espíritos comunicantes que, **ao invés de ondas telepáticas, que são as normalmente utilizadas nas comunicações, dêem nova confirmação por meio de descargas fluídicas que, como já temos dito, variam para cada pessoa.** Percebida a descarga, então pode o médium ter certeza de que o que recebeu é do Espírito e não do seu próprio subconsciente, porque este não tem possibilidades de projetar ondas ou raios fluídicos, o que é atributo unicamente de entidades animais e humanas.

5ª Fase
A manifestação

Esta fase é o remate do processo, a manifestação propriamente dita e direta do agente espiritual em nosso plano.

Pode ser verbal ou escrita, inconsciente ou telepática, conforme a natureza da faculdade que o médium possuir.

Esta última fase só deverá ser efetivada após treinamento intenso das quatro anteriores, arbitrando-se para ela, como no caso antecedente, maior período de tempo, porque é nesse instante que se fazem mais presentes as interferências do subconsciente do médium e naturais emoções.

Sendo numerosa a turma de médiuns de incorporação, nesta última fase não se deve permitir que os médiuns **falem** porque, então, haveria balbúrdia; mesmo que se estabelecesse a regra de cada um falar à sua vez, tal coisa seria inútil porque não haveria tempo suficiente para todos falarem, o que, de certa forma, prejudicaria o objetivo do processo, que é o exercitamento intensivo de todos, no menor tempo possível: exercitamento prático, com oportunidades imediatas e constantes para todos.

Desenvolvimento Mediúnico

Nestas condições, para contornar a dificuldade, idealizamos um processo muito simples, conquanto inédito, que é o seguinte:

a) Levar os médiuns até a fase de **envolvimento**, guardando todos completo silêncio;

b) Anunciar que se vai passar à fase final — da manifestação — todos, pois, **devendo se concentrar para receber,** explicando porém, que a manifestação não é livre e que os Espíritos comunicantes se limitarão a uma saudação rápida, em duas palavras como, por exemplo: **Graças a Deus, Paz a todos, Deus abençoe a todos** ou qualquer outra, desligando-se, imediatamente, em seguida.[7]

Explique-se aos médiuns que assim sendo, todos podem receber ao mesmo tempo, sem balbúrdia, realizando-se o exercitamento desta fase sem necessidade de mensagens, discursos ou prédicas prolongadas, tudo se reduzindo a simples frases de saudação.

OBSERVAÇÕES SOBRE O MÉTODO

1) Em cada fase o instrutor dará as explicações indispensáveis, de forma clara e simples, devendo os médiuns observar tudo o que ocorre consigo mesmos, no seu psiquismo. Na primeira anotarão, como dissemos, os **pontos de sensibilidade**, que funcionam como sentinelas do perispírito, como **alarmas** contra ataques exteriores, devendo por isso, estar sempre bem regulados. Nas aproximações devem observar como elas se dão, de que lado vêm, quais as

---

[7] Este processo tem sido criticado por um ou outro confrade mais formalístico, por causa dos termos da saudação, mas se ele tem provado bem (o que é uma pura verdade) e os termos a usar ficam a critério dos próprios Espíritos comunicantes podendo, pois, serem mudados, o que resta a opor, que mereça atenção?

Edgard Armond

reações que provocam **nos pontos sensíveis**. Nos contatos verificarão se se deram fora desses pontos, tomando assim o perispírito de surpresa. Nos envolvimentos acompanharão o processo calmamente, observando as alterações que se derem, na sua mente e no organismo físico, produzindo maior ou menor inconsciência no transe.

2) Explicar que o que se tem em vista é formar médiuns conscientes daquilo que com eles se passa; capazes de agir com segurança e competência em quaisquer circunstâncias; conhecedores, pelo menos, dos mais indispensáveis detalhes do intricado problema mediúnico; aptos, portanto, à execução de suas penosas e delicadas tarefas no campo social; e não médiuns, como a maioria que se conhece, que quase nada sabem sobre mediunidade e quase tudo ignoram, à hora do transe, do que com eles se passa, tanto no exterior como internamente, na superfície como na intimidade do seu próprio psiquismo; médiuns quase cegos, muitas vezes fanáticos, conduzindo outros cegos, mesmo quando animados de boa vontade e de boa fé.

3) Somente, repetimos, após exercitar várias vezes as fases iniciais em cada sessão, com paciência e perseverança; quando houver relativa firmeza e segurança levar, então, os médiuns à última fase. Rigor na disciplina do trabalho, repetição constante das fases, resistência ante a impaciência dos médiuns, são coisas indispensáveis. Recomendar também que os médiuns, após a terminação do curso, não voltem atrás, recaindo no regime anterior de acomodações e de rotina, para que as faculdades continuem a evoluir até se tornarem médiuns perfeitos e completos, inspiradores de confiança ao Plano Espiritual para as realizações que lhes competem.

4) Este processo de desenvolvimento exige, como já dissemos, cooperação permanente e constante do Plano

Desenvolvimento Mediúnico

Espiritual de forma que, por exemplo, na última fase, se algum médium não respeitar a recomendação de não dar mensagem alguma, limitando-se unicamente a uma simples saudação, se esse limite for ultrapassado, com frases longas ou comunicações extemporâneas, pode-se afirmar que houve interferência anímica, sobretudo se se tratar de médiuns que já **recebiam** antes de sua inscrição neste curso; na realidade é comum acontecer que à simples ocorrência do **contato** perispiritual e às vezes até mesmo à simples **aproximação** de qualquer entidade o médium, por conta própria, desencadeia a comunicação, que neste caso, como é fácil de compreender, vem toda do subconsciente, como numa reação em cadeia, salvo, é claro, os casos de transmissão telepática a distância.

5) Aliás, este processo visa não só educar os médiuns e exercitá-los como, também, eliminar os viciamentos que porventura hajam adquirido anteriormente.

6) É preciso esclarecer que aquilo que eles poderiam dizer numa comunicação livre, não teria para o caso nenhuma importância, porque o que visa no momento é o exercitamento em si mesmo e não o recebimento de comunicações.

Após o tempo arbitrado ao exercitamento da turma em cada fase, manda-se **descansar** e **relaxar** para, em seguida, voltar à repetição do processo, passando rapidamente por todas as fases e parando na penúltima — o envolvimento — à espera da ordem de **receber**. Dada esta os operadores espirituais (tanto quanto nós empenhados no êxito do trabalho) agirão completando o **envolvimento** e passando à fase final — a manifestação — com palavras rápidas de saudação à sua escolha, desligando-se imediatamente e assim sucessivamente várias vezes, até que se obtenha a necessária **flexibilidade**

41

Edgard Armond

mediúnica ao envolvimento e à manifestação, o desembaraço dos médiuns em receber e segurança e **fidelidade** na transmissão. Essa flexibilidade mediúnica vai ser muito necessária nos períodos seguintes, de adestramento e aprimoramento, como veremos.

Na aplicação deste processo, os maiores óbices a transpor de início, são os que vêm da incompreensão dos médiuns em relação ao valor do método e de seus resultados e a paciência que devem demonstrar no se sujeitarem a ele com todas as suas monótonas repetições até o termo final quando, e só então, os frutos poderão ser colhidos. Com este processo não se oferece uma panacéia mediúnica para o desenvolvimento, mas um método de segurança e uma técnica racional.

Importante é considerar que no **desenvolvimento primário**, que estamos descrevendo, enquanto os médiuns não forem dados como **prontos, aptos,** não se deve trabalhar com Espíritos inferiores (sofredores, obsessores, etc), os quais, todavia, serão muito úteis depois dessa fase preparatória. Nesta fase preparatória só se pode trabalhar com **Espíritos instrutores.**

E como regra geral é evidente que o dirigente do trabalho deve ser pessoa competente, que compreendeu o método, integrou-se bem nele e está portanto apto a aplicá-lo.

Ocioso será dizer que desde logo se deve recomendar aos médiuns a eliminação dos vícios orgânicos como o do fumo, do álcool, da glutoneria, do sexualismo exagerado, etc., bem como dos hábitos tão deprimentes de bater os pés e as mãos, fungar ruidosamente, contorcer-se, gemer, fazer gestos dramáticos, etc., como ainda as tão naturais demonstrações de animismo que, desde as primeiras aulas, devem ser apontadas pelo instrutor.

Fique também bem esclarecido que este processo das Cinco Fases é recomendado e aplicado para melhor conheci-

Desenvolvimento Mediúnico

mento do transe e autocontrole individual podendo, em cada sessão ou aula, após essa primeira parte, permitir-se uma parte livre para os médiuns de faculdades **já anteriormente manifestadas,** os quais com os conhecimentos que vão recebendo na primeira parte, irão melhor compreendendo e penetrando nos detalhes do transe mediúnico, podendo aplicar tais conhecimentos na segunda parte, com resultados apreciáveis em todos os sentidos, inclusive o de correção de defeitos e hábitos antigos.

Este sistema de Cinco Fases não precisa ser o de recebimento obrigatório de Espíritos daí por diante, mas um simples processo de **detalhamento de transe,** como já dissemos, para efeito didático e de autocontrole mediúnico.

Por outro lado é fácil de perceber que no desenvolvimento primário, levando os médiuns gradativamente através das quatro primeiras fases — e desde que eles realmente possuam mediunidade em condições de desenvolvimento — a passagem da 4ª fase (envolvimento) para a 5ª (manifestação) será grandemente facilitada, podendo-se mesmo observar naquele ponto que, com mais um pequeno passo, o desenvolvimento estará satisfatoriamente iniciado, restando ao médium, a partir daí, exercitamento constante com doutrinação de sofredores, para passar ao aprimoramento a que nos referimos atrás.

Os dirigentes do trabalho tenham também em vista o seguinte:

1) No desenvolvimento primário haverá médiuns sensíveis a algumas fases e não sensíveis a outras, o que demonstra que a sensibilidade mediúnica nem sempre é uniforme ou foi embotada, em parte por falta de desenvolvimento adequado e harmonioso; por exemplo: o choque, desde o início, provocado por fluídos pesados, embota a sensibilidade perispiritual, assim como o contato das mãos com ferramentas pesadas embota o tato.

Edgard Armond

Outros sentem bem as fases até a 3ª mas não evoluem para as últimas, o que demonstra que são médiuns para efeitos telepáticos, isto é, seus perispíritos são sensíveis, suas mentes possuem receptividade telepática, unicamente.

2) É comum os médiuns que já recebiam antes, reagirem bem à última fase ou às duas últimas, falhando entretanto em relação às anteriores, o que provém de falta de educação prévia da sensibilidade e desconhecimento dos detalhes do transe.

3) Havendo segurança de que a **Aproximação**, 2ª fase, foi feita em ordem no Plano Espiritual, mas o médium não a sentindo, a primeira conclusão a tirar é que sua sensibilidade não é uniforme e é reduzida, devendo-se, não obstante, prosseguir para observar qual sua reação na 3ª fase. Se nesta fase o médium sentir bem o **Contato**, a conclusão é que a falha da 2ª fase deve ser atribuída a alguma perturbação, material ou espiritual, que, provavelmente, desaparecerá após o tratamento devido: como, também, pode-se tratar de embotamento da sensibilidade por frequência a trabalhos mediúnicos de fluidos pesados, sobretudo de terreiro.

Prosseguindo o desenvolvimento e o médium não sentindo o **Envolvimento** da 4ª fase, então se poderá afirmar que não existe mediunidade-tarefa para incorporação, mas somente mediunidade potencial.

Neste caso, se o médium, entretanto, afirmar que **recebe Espíritos**, então pode-se admitir que houve forçamento mediúnico, o que o exame direto das glândulas cerebrais por certo confirmará.

Isso porém não impede que o médium prossiga no desenvolvimento, porque pode possuir ou revelar outras formas de mediunidade, como, por exemplo, vidência, audição, psicografia, etc.

4) O dirigente deve exigir constantemente dos médiuns o máximo rigor e honestidade consigo mesmos, para que não

Desenvolvimento Mediúnico

se deixem sugestionar com as afirmativas e as indicações que ele é obrigado a fazer dirigindo o trabalho e muito menos ainda com sugestões ou suposições próprias sem base na realidade.

Não devem também os médiuns sentirem-se diminuídos com a falta de sensibilidade às diferentes etapas do transe ou por não receberem manifestação alguma, direta ou telepática, pois isso é coisa natural dos que começam, e, com o tempo e a repetição dos exercícios, as falhas desaparecerão, **desde que haja realmente mediunidade a desenvolver.**

5) Havendo entendimento prévio entre os dois planos e eficiência da parte dos dirigentes, o processo dará sempre bom resultado e entenda-se que essa eficiência deverá sempre existir porque é fundamental.

6) Nas turmas, todos, sem exceção, seja qual for a mediunidade apresentada, devem ser submetidos ao crivo das cinco fases para desenvolver ou aprimorar a sensibilidade.

7) Com este método, já suficientemente provado, colocamos o médium muito à vontade e seguro de si mesmo quanto ao que se passa consigo, à presença do Espírito comunicante, sua aproximação, seus contatos e envolvimentos, visando a incorporação parcial ou total.

— Mas, quanto à comunicação, em si mesma, haverá a mesma segurança?

— Infelizmente não: o ponto crucial do problema e sua maior dificuldade, estão no fato do médium não poder evitar, desde logo, que suas idéias e pensamentos se misturem, em maior ou menor extensão, com as idéias e pensamentos do Espírito comunicante.[8]

8) Nos casos em que tal coisa deva ser evitada como, por exemplo, nas consultas, nas comunicações de importância, etc., o problema está na necessidade de reduzir o mais possível

---

[8] Veja-se à pág. 37 as recomendações do título *Incorporação consciente.*

Edgard Armond

essa mistura, dando livre trânsito ao que vem diretamente do Espírito e fechando a mente ao que vem diretamente desta, como animismo; filtrar o mais cuidadosamente possível o que vem da mente do Espírito, para separar uma coisa da outra.

Mas como fazê-lo? Estabelecendo uma sintonia satisfatória entre as mentes do Espírito e do médium, mantendo este a sua o mais limpa possível para receber o que vem do Espírito. Neste esforço muito o ajudará fixando-se no esquema: Espírito, estação transmissora — médium, estação receptora.

9) Com estes cuidados, que o tirocínio aos poucos irá desenvolvendo e havendo afinidade vibratória entre Espírito e médium, formar-se-á uma barreira que impedirá a entrada na mente do médium de elementos estranhos, venham eles de fora ou do subconsciente do médium e, ao mesmo tempo permitirá a este oferecer ao Espírito comunicante, boa margem de segurança para realizar a sua tarefa.

10) Nas comunicações telepáticas simples, de menor responsabilidade como, por exemplo, palestras doutrinárias, doutrinação de sofredores, comunicações escritas etc., é vantagem para o Espírito comunicante cooperação mais pessoal do médium (desde que este tenha certo grau de cultura geral e conhecimentos doutrinários) a abertura do subconsciente do médium para que este possa completar idéias recebidas, vesti-las convenientemente, detalhá-las, desenvolvê-las nos limites convenientes dentro dos temas e das idéias fundamentais transmitidas.

Como se vê, num dado caso, fecha-se o subconsciente e em outro abre-se-o, sendo em ambos indispensável manter a mente limpa para receber o que venha duma ou doutra procedência, nos momentos e nos limites convenientes. No primeiro caso citado, abre-se a mente para o Espírito e fecha-se-a para o subconsciente e no segundo, abre-se-a para

Desenvolvimento Mediúnico

ambos em perfeito e recíproco intuito de cooperação entre os dois planos.

Estudada assim a parte referente à incorporação, vamos agora ver como se deve agir com a vidência, audiência e psicografia, quando existam.

Vidência

Terminado o desenvolvimento primário, ao qual todos os médiuns devem acompanhar, seja qual for a mediunidade que possuam e após a abertura da sessão cujos preliminares já foram anteriormente apontados e que os médiuns todos, videntes ou não, devem acompanhar; dar explicações sobre a natureza da faculdade e seus diferentes aspectos ou modalidades, diretamente aos videntes.

Como se exerce e como se divide:

Vidência local — O médium vê projeções, quadros, paisagens e entidades espirituais no próprio local onde se realiza o trabalho, espontaneamente ou por interferência de Espíritos desencarnados.

Vidência a distância — Cenas, paisagens, projeções e entidades em lugares distantes, quase sempre por interferência de Espíritos desencarnados (protetores, instrutores e guias).

Em seguida:

1) Manda-se que os médiuns **se concentrem para ver em vidência local.** Nesse instante os operadores espirituais projetarão no campo perispiritual dos médiuns luzes, imagens e quadros diferentes, a começar pelas luzes, com densidade regulada segundo a capacidade de visão de cada um; isso desperta a atenção e o interesse de todos, porque todos terão

Edgard Armond

oportunidade de ver segundo podem, desde, é claro, que haja realmente capacidade de vidência.

Em seguida, se pedirá a projeção de uma só luz, imagem ou quadro para todos, com densidade média, para se apurar o grau de vidência de cada um. A intensidade média da projeção permitirá que seja vista por todos possuidores de **capacidade média** e **superior**, não sendo vista pelos demais e isto selecionará desde logo os médiuns, porque a projeção será vista por uns e não por outros, vista de forma diferente por uns e outros, com maior ou menor nitidez ou detalhes e em ângulos e aspectos diferentes, segundo a capacidade de cada um.

Explicar aos médiuns claramente as razões do procedimento para que cada um compreenda e conheça não só o grau de sua capacidade pessoal, como também a técnica do trabalho em relação à sua especialização.

Por outro lado, como as projeções são quase sempre simbólicas, este pormenor será também explicado, pedindo-se no momento ao Plano Espiritual projeções indicativas para interpretação exemplificadora.

As interpretações de visões simbólicas são muito difíceis por serem muito relativas, porque muitas vezes é preciso penetrar na mente do transmissor para saber qual a idéia que presidiu a projeção.

Explicar também que as diferenças de visão dependem ainda do grau de elevação moral de cada médium. Em regra geral aqueles que possuem tonalidade vibratória mais elevada, verão os quadros mais a fundo, **mais no interior,** ao passo que os demais verão em pontos mais baixos, mais materiais, isto é, mais do lado de fora, **mais superficialmente.**

Os de vidência inferior não penetram na intimidade psíquica de uma entidade desencarnada ou não, enquanto que

Desenvolvimento Mediúnico

o de teor mais elevado, penetra em detalhes e surpreende os próprios sentimentos mais íntimos.

Por exemplo, no caso de um obsessor ou mistificador: o vidente de capacidade inferior, se vir o Espírito o verá sem nitidez, como através duma vidraça embaçada; o de capacidade média, verá com nitidez, com mais detalhes, podendo até descrever a indumentária, as cores, a fisionomia; o de capacidade superior, verá sua aura escura, com suas estrias, radiações fluídicas maléficas de ligação com o obsediado e penetrará, mesmo, no âmago do sentimento negativo ou na mente, para surpreender seus próprios pensamentos ou intenções.

De início, pois, é preciso dar a cada médium seu devido lugar na escala, para classificá-lo segundo mereça e dar-lhe o crédito correspondente aos resultados que for apresentando.

Há videntes que vêem bem, porém, por não saberem distinguir, separar, classificar as coisas misturam tudo, o essencial com o secundário, o real com o imaginário, o que vem de fora com o que vem do subconsciente e não conseguem, por mais que falem, responder às perguntas mais simples.

À medida que o trabalho prossegue o instrutor vai anotando os resultados para apuração da capacidade de cada médium de maneira que, ao termo final, possa fazer uma classificação judiciosa.

2) Passa-se em seguida **à vidência comum a distância.** Nesta modalidade os instrutores espirituais formam os condutos de visão ou as ligações fluídicas com imagens ou quadros distantes que, da mesma forma, serão vistos e analisados pelos médiuns e anotados os resultados pelo instrutor da turma.

Convém começar com a indicação de alvos mais próximos, iguais para todos; depois, paisagens e detalhamentos, ampliando os alvos e as localizações gradativamente.

Edgard Armond

Em todos os casos, a vidência pode também ser direta ou indireta: direta quando o médium vê quadros, cenas ou entidades espirituais diretamente como se fosse com os próprios olhos materiais; ou indiretamente ou mental, quando a visão parece se dar simplesmente dentro do cérebro: no primeiro caso, a vidência pode ser denominada "transferida" para o nosso plano e, no último, "não transferida", o médium vendo somente com olhos do perispírito.

O desenvolvimento também visa possibilitar essa transferência.

Para todos os casos de vidência, observe-se o seguinte: a vidência pode ser espontânea ou alternativa, mental (pode-se dizer: com os olhos do perispírito) ou direta, transferida ou não para o nosso plano; o treinamento, nos períodos seguintes do qual trataremos mais adiante, justamente visa torná-la **direta, objetiva, isto é, transferida para o nosso plano material.**

Audição

Estas regras, *mutatis mutandis*[9], se aplicam à mediunidade de audição, muito comumente ligada e por assim dizer, complementar à vidência.

Assim como na vidência, a audição também pode ser espontânea ou alternativa, direta ou indireta, isto é, mental ou objetiva, transferida ou não para o nosso plano material[10]. Na vidência o médium capta uma vibração que o aparelho visual psíquico transforma em **imagem,** enquanto que na audição, a vibração captada é transformada em **som** pelo aparelho auditivo psíquico.

---

[9] *Mutatis Mutantis* = Mudando-se o que deve ser mudado, fazendo-se as modificações necessárias.

[10] Para mais detalhes consulte o livro *Mediunidade,* cap. 9, do mesmo autor.

Psicometria

É uma simples modalidade de vidência e não uma faculdade em separado.

Tem por base a impregnação na aura de cada objeto, ou ser, de fatos ou acontecimentos do pretérito, com os quais esteve o objeto ou a pessoa em contato.

Essa impregnação é indelével e ocorre com todos os fatos, acontecimentos e movimentos físicos no Universo.

O médium posto em presença do objeto ou pessoa concentra-se e vê as cenas passadas cronologicamente.

No desenvolvimento, o dirigente tem amplo campo para as experiências, podendo lançar mão de desenhos, sinais, palavras escritas fechadas em envelopes, submetendo-as à vidência do médium.

Escrita mediúnica

Colocados junto às mesas e trazendo material apropriado para escrever, os médiuns selecionados para essa espécie de cooperação devem ser submetidos desde logo a testes preliminares, para se saber se são médiuns de psicografia, isto é — **escrita mecânica inconsciente** — ou simplesmente **agentes telepáticos**, isto é, médiuns que conscientemente recebem idéias e pensamentos dos Espíritos, encarnados e desencarnados e, em seguida, ao invés de transmitirem-nos falando, como na incorporação, fazendo-no escrevendo, havendo, portanto, simples casos de incorporação parcial.

Para esse teste há muito tempo nos utilizamos do seguinte e simples processo:

— Ao lado do médium coloca-se um livro, revista ou qualquer coisa escrita e manda-se que se concentre para escrever, recomendando desde logo que, ao mesmo tempo,

Edgard Armond

leia o que lhes está posto ao lado, prestando atenção ao que lê e não ao que escreve; o instrutor, ao fim da prova, deve interrogar o médium sobre o assunto lido para verificar se de fato a atenção estava na leitura e não na escrita.

— Este processo imediatamente determinará a natureza da mediunidade, podendo-se dizer que, em 100 médiuns que se dizem psicógrafos, talvez um ou dois o sejam, escrevendo e lendo ao mesmo tempo. O processo provará de forma concludente, na quase totalidade dos casos, que o que ocorre é o fenômeno da **mediunidade telepática,** de valor relativo e comum e não o da **escrita mecânica,** muito mais rara e estimada, entre outras razões porque reproduz com exatidão o estilo, a redação, os conhecimentos intelectuais e o caráter moral do Espírito comunicante, o que dificilmente ocorre no caso da escrita telepática.

Ficaram célebres nos anais do Espiritismo os trabalhos psicográficos do médium português Fernando de Lacerda, pela exatidão com que recebia mensagens de vários escritores conhecidos, portugueses e estrangeiros, cada qual com redação, estilo e demais características que lhes eram próprias.

E entre nós, marcando época, temos, nesse setor, a produção valiosíssima de Chico Xavier, que tanta influência tem exercido na difusão do Espiritismo em nosso país e no mundo.

O que justamente caracteriza esta última modalidade e justifica seu nome, é o caráter mecânico, inconsciente, da operação; o Espírito comunicante apodera-se do braço e da mão do médium e utiliza-os como deseja, escrevendo diretamente, **sem a menor interferência do médium,** enquanto que no caso comum da escrita telepática, repetimos, exatamente como sucede na incorporação consciente, o médium recebe idéias e pensamentos e os transmite escrevendo e não falando, havendo portanto, **maior ou menor interferência do médium.**

Desenvolvimento Mediúnico

Não se conclua, entretanto, do que está dito, que a escrita telepática, igualmente como sucede com a palavra telepática, sejam aqui subestimadas, mas muito ao contrário.[11] Em resumo, na verdadeira psicografia, quem escreve é o Espírito comunicante e não o médium e, por isso, este pode ler enquanto escreve, ao passo que na escrita telepática, quem escreve é o médium e não o Espírito comunicante, e por isso, o médium não pode ler e escrever ao mesmo tempo.

Este tipo de mediunidade exige cuidados especiais, e só deve ser exercido por pessoa sã no físico e no psíquico, pois quando insuficientemente desenvolvido, pode ser utilizado por Espíritos mal intencionados, transformando-se em um simples fenômeno de efeitos físicos.

Terminado este teste — que não é eliminatório — deve o trabalho prosseguir da mesma maneira por muitas sessões consecutivas, os médiuns lendo e escrevendo ao mesmo tempo e, então, se verá que a maioria daqueles que já escreviam antes, agora somente traçam arabescos, rabiscos, sem a menor significação, a não ser o treinamento muscular, de maneabilidade do médium por parte do Espírito que quer escrever, até que, com o tempo e perseverança, as garatujas irão tomando forma, formando palavras e frases, muitos deles conseguindo assim, conquistar a verdadeira psicografia, muito mais autêntica e valiosa e da qual se achavam afastados, muitas vezes justamente por falta de treinamento e orientação adequados.

Finalmente, após inúmeros exercícios, elimina-se a leitura obrigatória e todos passarão a escrever livremente para que o instrutor possa verificar os resultados alcançados e as possibilidades de cada médium no trabalho permanente, após a terminação do curso.

---

[11] Ib.. livro *Mediunidade*, cap. 11.

Edgard Armond

OBSERVAÇÕES FINAIS

Na aplicação deste processo, sucede às vezes, haver médiuns que ao serem a ele submetidos, arraigados ao hábito de se desenvolver mediunidade a esmo, sem o menor controle ou conhecimento do assunto e incapazes de aquilatarem das vantagens de um desenvolvimento regrado e metódico, abandonam os trabalhos e continuam no ponto em que estavam; submetidos aos testes iniciais fracassam logo e se sentem assim diminuídos; outros agem da mesma forma, quando advertidos sobre os viciamentos que possuem, porque se dão por ofendidos; e outros, ainda, por discordarem aprioristicamente do processo, antes mesmo de haverem estudado e compreendido.

Estas circunstâncias e atitudes mentais desta espécie, tão afastadas do Evangelho e da racionalidade que é característica da Doutrina, é que têm retardado enormemente o conhecimento do problema mediúnico, o desenvolvimento da sua prática judiciosa, a adoção de processos mais objetivos e científicos, causando assim, prejuízos incalculáveis à sua expansão no meio social, pelo descrédito provocado e dando também margem à proliferação de práticas inferiores que impropriamente se rotulam de Espiritismo.

A APURAÇÃO

Terminado o curso, proceder-se-á ao julgamento final, a fim de se instruir os médiuns sobre os resultados do trabalho e sobre a conduta que devem manter daí por diante, para o melhor aproveitamento de suas atividades, em benefício da propagação da Doutrina.

Este trabalho deve ser criterioso e eficiente para que não haja equívocos e injustiças e há muitos modos de realizá-lo, segundo as circunstâncias e os pontos de vista dos respec-

Desenvolvimento Mediúnico

tivos dirigentes. A título de exemplo, entretanto, sugerimos o seguinte:

Para a incorporação

Efetuar o julgamento por partes, realizando as provas que permitam classificar os médiuns **conscientes** e **semiconscientes**: 1º) pelo grau de consciência mediúnica; 2º) pela capacidade de recebimento, interpretação e transmissão.

Os **inconscientes:** 1º) pela integração no transe, maior ou menor; e 2º) pela possibilidade de identificar o transmissor e autenticar a transmissão.

Iniciar a apuração com os poucos que porventura apresentem essa última modalidade, mandando que se concentrem para receber, um de cada vez; levar o médium imediatamente à fase de **envolvimento** e nesse instante dar-lhe verbalmente um tema, estranho à Doutrina ou, no mínimo, pouco usual, para discorrer sobre ele; anotar a transmissão.

Em seguida, sem transe, pedir ao médium que discorra sobre o mesmo tema como puder, comparando por fim os resultados.

Por essa prova se constata o grau real de inconsciência, porque, no primeiro caso, o Espírito é quem fala sobre o tema e não o médium e, fora do transe, fala o médium e não o Espírito. As idéias formuladas, o modo de apresentá-las, a redação gramatical, o estilo, etc., fornecerão elementos seguros de julgamento.

Em seguida submeter à mesma prova os semiconscientes. Neste caso o desembaraço maior ou menor do médium na dissertação sobre o tema mostrará o grau e a profundidade da semiconsciência.[12]

---

[12] Nestas duas espécies de mediunidade as comprovações podem ser feitas com auxílio de videntes porque há sempre Espíritos presentes.

55

Edgard Armond

Finalmente apura-se o aproveitamento dos médiuns conscientes com pequenas modificações no sistema como, por exemplo: manda-se que todos se concentrem e dá-se, no momento, um tema não trivial, aguardando-se as manifestações individuais. Aqueles que discorrerem com mais desembaraço e propriedade, com mais inspiração, serão os mais bem dotados e os que não o conseguirem, serão postos a provas individuais para se apurarem as causas do insucesso.[13]

Para a vidência

Separar aqueles que no decorrer do curso tenham revelado possuir e hajam treinado a faculdade; mandar que se concentrem para ver e exibir-lhes, a pouca distância, um objeto qualquer para exame de aura; em seguida, fazer a mesma prova com pessoas presentes e por último tentar um exame direto e interno do organismo humano, servindo-se também de presentes.

Fazer a mesma prova com objetos, cuja origem seja conhecida, podendo também o instrutor desenhar no momento uma figura qualquer, fechá-la em um envelope para que seja descrita pelo vidente, além de outras modalidades que a imaginação do instrutor julgue adequadas e eficientes para a prova. Essas últimas são provas do campo da psicometria.

Prosseguir pedindo a cooperação do Plano Espiritual para a projeção de quadros para toda a turma e, depois,

---

[13] Nestas provas de mediunidade telepática, seja de incorporação ou de escrita, em nada aproveita a cooperação dos médiuns videntes, porque estes processos de comunicação telepática escapam, quase que na totalidade dos casos, à percepção direta.

Desenvolvimento Mediúnico

individualmente, para cada médium, de tudo anotando os resultados.[14]

Em seguida passar à vidência a distância, dando aos médiuns, um por um, alvos diferentes, naturais e conhecidos do instrutor, para a descrição de detalhes. Prosseguir com a descrição livre de cenas e quadros a distância e terminar a prova com descrição de vidência com desdobramento, a **consciência do médium junto ao corpo desdobrado,** obrigatoriamente.[15]

Para a psicografia

Durante o curso os médiuns, porventura possuidores de capacidade psicográfica, já o teriam revelado, bastando agora medir essa capacidade para o que, a título de exemplo, sugerimos temas verbais dados na hora sobre assuntos não doutrinários ou triviais, aos Espíritos comunicantes.

Verifique-se: a) desenvoltura na escrita; b) sua rapidez; c) clareza e legibilidade; d) a profundidade mental na interpretação do tema; e) o aspecto rigorosamente mecânico na realização do trabalho.

Fazer a prova com leitura derivativa.

---

[14] É costume de alguns instrutores encarnados fazerem, eles mesmos, transmissões telepáticas para serem recebidas por médiuns em desenvolvimento de vidência ou incorporação. Não aconselhamos a prática porque na maioria dos casos, se não houver capacidade real de transmissão não haverá também recepção e o instrutor culpará o médium por um fracasso que é dele, instrutor, e não do médium.

[15] Ocorrem às vezes equívocos sobre desdobramentos: exterioriza-se levemente o corpo etéreo e o médium julga estar desdobrado; somente há desdobramento **quando a consciência se desloca para o local da visão;** fora disso o que ocorre é vidência a distância.

57

Não havendo na turma médiuns psicógrafos, fornecer temas adequados e globais e verificar os resultados individuais, mais ou menos de acordo com as exigências apontadas, exceto, evidentemente, a da letra "e".

Terminadas as provas, os dirigentes devem fazer uma crítica geral do curso e dos resultados, instruindo os médiuns sobre a natureza de suas faculdades, grau de capacidade de cada um, modo de utilização futura, visando os altos objetivos da expansão doutrinária, necessidade de prosseguimento do curso nos períodos seguintes, de progressão e complementação, coisas e ambientes que devem ser evitados na vida comum, higiene orgânica e mental, necessidade de mantença do padrão vibratório elevado e comunhão permanente com o Plano Espiritual.

Feito isso, dar por encerrada a etapa do **desenvolvimento** primário propriamente dito, marcando data, após o devido repouso, para o início das etapas seguintes.

O Espiritismo, como se sabe, difunde-se com mais amplitude nas classes médias e baixas (do ponto de vista sócio-econômico) e grande parte dos médiuns se ressente de instrução, até mesmo primária (nesta última); assim sendo, é necessário haver realismo e sensatez na organização de programas populares de desenvolvimento mediúnico e de triagem; nestes principalmente, deve-se incluir somente matéria indispensável, tanto de doutrina como de conhecimentos

Desenvolvimento Mediúnico

gerais e exigir, isso sim, o mais possível de praticagem, pois devem ser de curta duração (4 a 6 meses) e se destinam de preferência a médiuns já desenvolvidos, sem curso algum de formação, ou que não desejam ou não podem freqüentar cursos mais completos ou demorados de uma escola de médiuns regular. Doutra parte, é indispensável que esses médiuns freqüentem os períodos seguintes, de adestramento e de aprimoramento, para que recebam instrução mais completa.

O processo aqui exposto, quando bem aplicado, havendo realmente mediunidade a desenvolver leva, sem a menor dúvida, a resultados positivos; por outro lado, prestigia o Espiritismo, porque garante a autenticidade das manifestações e porque prepara médiuns capazes e seguros do terreno onde pisam.

Nota: O desenvolvimento primário é o de maior importância, porque quebra todos os tabus íntimos, revela o médium a si mesmo, com suas limitações e possibilidades, dá-lhe conhecimentos e segurança, e lança-o, devidamente preparado, no campo trabalhoso da produção permanente.

Edgard Armond

III

Desenvolvimento Progressivo

ADESTRAMENTO

O adestramento mediúnico, que deve vir imediatamente após o desenvolvimento primário (técnico), pode ser feito em qualquer reunião espírita, de "centros" ou grupos familiares[16], de caráter evangélico, com sessões especializadas ou mistas, não importa. Condição essencial para todos os casos, entretanto, é que os trabalhos sejam dirigidos por pessoa competente e moralizada e que não haja desviamentos...

Os trabalhos que nesta fase se recomendam são os de **doutrinação de sofredores e de obsessores** em geral, em qualquer dos seus graus iniciais ou avançados nos quais, em contato com fluidos pesados, quase sempre mais afins com os próprios do médium (salvo poucas exceções), encontra ele melhores elementos de exercitamento, não só pela variedade dos casos e circunstâncias inerentes a cada um, como pela variedade dos próprios fluidos e vibrações que cada sofredor ou obsessor apresenta como, ainda, pela extensão das oportunidades que o médium encontra no serviço em bem do próximo — que faz parte de sua tarefa — evangelizando-se e fortalecendo-se no bom ânimo, na coragem, no desconforto, na renúncia e na própria segurança do seu trabalho individual que, dia a dia, irá melhorando e se ampliando.

Os trabalhos de adestramento incluem todas as perturbações de fundo espiritual, como sejam: auto-influenciações por

---

[16] Sobre esta modalidade, veja nota de rodapé nº 5, pág. 21. (Nota da Editora)

Desenvolvimento Mediúnico

absorção de fluidos afins negativos, de pessoas e de ambientes; influenciações ligeiras (1º grau) por "encostos" de Espíritos estranhos ou familiares; influenciações mais intensas (2º grau), como obsessões comuns, inclusive as de fundo mediúnico; obsessões avançadas, como fixações mentais, depressões, dominações, vampirismos; ou ainda, influenciações provocadas, por ação de agentes das trevas para exercitamento de vinganças, cobranças de dívidas cármicas e outros motivos.

Para todos estes casos, ter em vista que o trabalho deve visar direta e principalmente, os agentes perturbadores e não os perturbados, para que as causas quando possível, sejam removidas e não os efeitos, o que seria simplesmente aleatório.

Salvo os casos benígnos do 1º grau já citados, quanto aos demais é sempre necessário e, mesmo, indispensável, fazer o atendimento com **correntes** de cura bem organizadas e com pessoal habilitado a realizar as ações diretas de fluidos e vibrações sobre os obsessores, sendo que estas últimas devem ser de amor, de paz, bondade e intensamente coloridas, nas cores que correspondam à natureza dos casos específicos para que penetrem fundamente no organismo psíquico do obsessor, ao mesmo tempo em que os fluidos transmitidos pela corrente de base, o saturam de sensações semelhantes, produzindo por fim, alterações benéficas na sua contextura psíquica, criando predisposição a modificações salutares nos seus sentimentos, pensamentos e atos.

Aplicações desta espécie conseguem quase sempre, quando não o desligamento propriamente dito, pelo menos a atenuação das influências perniciosas porventura já radicadas no organismo do necessitado.

Este processo — que temos denominado, desde sua idealização, choque anímico — além do mais, oferece um

Edgard Armond

poderoso elemento de substituição para a clássica **doutrinação de sofredores** quando esta, por qualquer circunstância, não possa ser feita com a necessária eficiência.

Outra recomendação importante é esta: nas doutrinações, quando devam ser feitas, falar unicamente o indispensável, evitando as clássicas e monótonas preleções porque, em grande número de casos, não é a eloqüência do doutrinador, a argumentação exaustiva ou os floreios de imaginação que resolvem as dificuldades, mas, sim, o sentimento, a vibração de amor, o desejo de servir, o impulso de fraternidade, manifestados pelos cooperadores em geral; a excessiva argumentação às vezes, mesmo, irrita frequentadores e obsessores; por isso, ao mesmo tempo que se doutrina, deve-se projetar sobre os obsessores ou sofredores, ondulações fluídicas fraternas e construtivas, de cores suavizantes ou estimuladoras, que penetram, como já dissemos, fundamente na organização perispiritual, produzindo alterações benéficas e decisivas nos campos da emoção e da compreensão (que auxiliam os desligamentos) e somente quando houver recalcitrância bem definida e sistemática, serão aplicados pelo Plano Espiritual as contenções e outras medidas mais enérgicas que, todavia, **jamais se podem generalizar.**

Nos exames espirituais prévios e nos tratamentos (que devem ser feitos para treinamento dos médiuns nesta fase), convém ter sempre em vista a existência dos chacras, sua localização, dimensões, luminosidade, especializações de cada um, normalidade de suas relações com os plexos nervosos, porque qualquer alteração funcional manifestada por eles, tem influência e se reflete nas condições físicas e psíquicas do organismo humano. Por exemplo: uma disfunção ou esvaziamento do chacra esplênico, resulta sempre em perda de forças, enfraquecimento progressivo, depressão psíquica; a do coronário, resulta no enfraquecimen-

Desenvolvimento Mediúnico

to ou mesmo no corte das ligações conscientes com o Plano Espiritual indispensável, sobretudo para os médiuns.

Nos exames espirituais examinar os órgãos matrizes do perispírito e os centros de força (chacras), verificando suas cores, transparência, vitalidade, luminosidade e ritmo funcional que variam entre perturbações espirituais ou materiais. Verificar também a aura individual, sua luminosidade e cores da parte fixa e das estrias; fazer o mesmo em relação às manchas fluídicas sobre os órgãos ou tecidos, sua densidade e extensão, tonalidades e ligações com o exterior, para localização de origens. No exame material ter em conta os conhecimentos primários de anatomia orgânica e fisiologia, para poder informar com segurança.

Nas influenciações que já atingiram o corpo físico, convém verificar previamente, a existência de manchas, no perispírito, quistos, agregados fluídicos de qualquer espécie, examinando sua localização, áreas atingidas, aspectos gerais (mais claros, mais escuros, mais leves, mais densos, mais restritos, mais amplos, etc.), como também núcleos e ramificações negativas suspeitas, de fundo maligno (leucemia, câncer, etc.), casos estes em que as manchas se apresentam densas, anegradas, rodeadas de halos avermelhados ou arroxeados, com enraizamentos em filetes.

Nas influenciações que vêm do exterior (comumente provocadas), acompanhar os filamentos escuros verificando, se possível, as causas e as origens, (antros de trabalhos inferiores, agrupados ou isolados, encarnados ou não) para se poder neutralizar ou desligar a influenciação, eliminando os malefícios.

Nestes casos, para agir com segurança e eficiência, é recomendável a mais estrita ligação com cooperadores do Plano Espiritual, através da vidência e da incorporação, utilizando-se ainda, discretamente os recursos dos **desdobramentos.**

63

Edgard Armond

Os trabalhos de adestramento mediúnico aqui recomendados, devem também ter em conta a utilização pelo Plano Espiritual em larga escala, da cromoterapia que em cursos como estes, de caráter científico e honesto, jamais poderá ser desprezada. Para maiores detalhes dos assuntos deste capítulo, convém consultar a obra *Curas Espirituais*[17], de nossa mesma autoria, que contém outros detalhes de interesse.

Para a doutrinação de sofredores auxílio poderoso são as vibrações prévias da corrente, utilizando-se as cores adequadas: estimulantes para as depressões, calmantes para as agitações.

Penetrar a fundo nos motivos e explicar o porquê do sofrimento deles; depois esclarecer espiritualmente e apontar rumos aconselhando a cooperação em bem do próximo como um dos recursos que mais depressa conduzem à redenção.

Para os obsessores, vibrações prévias mais vigorosas, fluidos da corrente, sendo sempre necessários conhecimentos mais ou menos seguro dos casos em si mesmos: interferências deliberadas, resgates cármicos, retorno momentâneo de malefícios feitos, cobrança de dívidas, etc. Verificado isso com maior ou menor exatidão, agir, ou melhor, conduzir a doutrinação segundo o caso.

Não discutir com o obsessor; conter, ensinar, esclarecer e despedir.

Nos casos de agressividade ou exaltação excessiva, aplicar previamente "choques" fluídicos ou envolvimentos diretos ao cérebro, para evitar distúrbios e violência; nos casos em que os próprios médiuns concorrem habitualmente

---

[17] A Editora Aliança, em 2003, editou a coletânea *Métodos Espíritas de Cura, Psiquismo e Cromoterapia*, adequando a obra *Curas Espirituais* às práticas espirituais, atualmente em uso na Aliança Espírita Evangélica. (Nota da Editora)

Desenvolvimento Mediúnico

para essa situação, chamá-los à ordem ou aplicar-lhes também, tratamentos fluídicos diretamente antes da doutrinação.

Se é verdade que o êxito dos trabalhos, em grande parte, depende dos conhecimentos, da capacidade do dirigente material da reunião ou do curso, também é certo que, além de sua capacidade mediúnica como instrumento do Plano Espiritual, o médium competente poderá influir muitas vezes, de forma discreta e sensata, no auxílio ao próprio dirigente facilitando, retardando ou às vezes, mesmo, interrompendo o surto de certos casos, quando a capacidade do dirigente se manifeste aquém das necessidades do momento.

De cada caso o médium inteligente e observador pode tirar conclusões e ensinamentos úteis ao seu próprio trabalho individual; e as ligações que merecer, diretas e pessoais, com guias e protetores espirituais, cada vez mais elevados também revertem em benefício do seu adestramento nesta fase.

Os médiuns devem evitar entre si divergências, ciúmes, pretensões de superioridade e personalismo; devem substituir esses defeitos e maus costumes por bondade e humildade, sobretudo em relação aos companheiros de trabalho e aos familiares.

Devem ser como um espelho bem limpo, onde as coisas puras se refletem sem empanar-se.

Os protetores espirituais e os instrutores dão preferências aos médiuns que melhores condições morais e de sentimentos possam oferecer, não se prendendo a considerações de ordem pessoal ou a privilégios.

Para detalhes sobre o assunto, enviamos os leitores ao livro *Mediunidade* capítulos 29 e 30, sob títulos *"A Doutrinação"* e *"As Comunicações"*.

IV

Desenvolvimento Completivo

APRIMORAMENTO

Esta é a fase de franco e decisivo aprimoramento mediúnico, que o médium deve transpor visando: a flexibilidade mediúnica, isto é, capacidade de receber Espíritos de qualquer grau de hierarquia; **desdobrar-se** com facilidade e segurança, **ver e ouvir** desembaraçadamente com a profundidade que for necessária, escrever correntemente, etc.

A vidência e a audiência, conforme já explicamos, apresentam dois aspectos distintos e similares, a saber: capacidade limitada de ver e ouvir somente no Plano Espiritual (vidência e audição comumente denominadas mentais), ou capacidade completa nos dois planos.

No primeiro caso o médium vê e ouve como dentro do próprio cérebro, sem objetividade, muitas vezes duvidando mesmo do próprio fenômeno e imaginando que está sendo vítima de alucinação ou ilusão; e no segundo, transferidas as vibrações de luz ou de som do campo perispiritual para o plano material, a visão e a audição se tornam objetivas e diretas.

O aprimoramento justamente visa, como já dissemos, entre outras coisas, completar o fenômeno, com sua transferência para o nosso plano, objetivando-o.

Aprimoramento — Vidência

Neste período de aprimoramento os videntes que, no período anterior, foram instruídos sobre a **vidência local** e **a**

Desenvolvimento Mediúnico

distância, serão levados a exercitar a vidência com desdobramento.

Esclareça-se logo que não devem os médiuns confundir **desdobramento** com **transporte**, como acontece comumente; são fenômenos diferentes. **Desdobramento** é a exteriorização do perispírito do médium e sua deslocação para outros lugares, perto ou distantes, permanecendo o corpo orgânico, com o seu duplo — o corpo etéreo — no local do trabalho; ficam assim realmente desdobradas em duas as organizações componentes do homem encarnado, a saber: o corpo carnal e o corpo espiritual.

Transporte, muito diferentemente, é a deslocação de objetos materiais e outros (inclusive o corpo humano e daí talvez o motivo da confusão), de um lugar para outro, com ou sem desmaterialização prévia.

Para maiores detalhes consulte-se a obra *Mediunidade*, de nossa autoria, capítulos 12 e 13.

O desdobramento exige treinamento especial com exercitamento prévio da exteriorização, tudo isso, é claro, condicionado à capacidade do médium e suas possibilidades mediúnicas, porque há videntes que não conseguem desdobrar-se e há médiuns de incorporação, sem vidência, para os quais o desdobramento é rotina e durante os quais podem ver e ouvir.

É fora de dúvida, porém, que o desenvolvimento da faculdade deve ser tentado em qualquer dos casos, porque haverá sempre bons resultados no sentido geral.

Iniciar o aprimoramento com trabalhos coletivos, principalmente no setor das curas, tomando parte em **correntes de cura** e **suportes magnéticos**.

Edgard Armond

Correntes de cura

Esta fase do aprimoramento, recomenda trabalhos de conjunto, os médiuns se agrupando em **correntes de cura** e **suportes magnéticos**, para curas materiais ou espirituais. As correntes de cura quando organizadas com finalidades específicas, são mais eficientes, mas, na impossibilidade disso, poderão atender aos dois fins citados.

São conjuntos sólidos, contendo em si mesmos, todos os recursos para ação num sentido ou noutro. Assim, as correntes de cura materiais, devem conter médiuns aptos a exames e diagnósticos espirituais, doações de fluidos e ectoplasma, tratamento de perturbações físicas e operações, ambas de fundo mediúnico (ação nas matrizes do perispírito).

As de curas espirituais, devem possuir médiuns aptos para exames, tratamentos de perturbações psíquicas, ação contra obsessores e Espíritos malignos, desligamentos ou neutralização de suas atividades.

Com dirigentes competentes, estas correntes terão amplo campo de ação e produzirão trabalhos altamente meritórios.

Suportes magnéticos

Se as correntes de cura são estáveis, constituindo-se com elementos selecionados e exercendo atividade permanente e específica, os suportes magnéticos são formados tendo em vista uma atividade momentânea, para atender necessidades imprevistas, tanto do campo material como do espiritual.

Seu próprio nome o indica: base de auxílio para atendimentos de emergência. Fornece fluidos magnéticos

Desenvolvimento Mediúnico

para diversas aplicações, proteção e cobertura para qualquer trabalho desta espécie, para ação local ou a distância.

Os médiuns, da mesma forma que no caso anterior, devem ser competentes e tecnicamente aptos à prestação destes serviços.

Para doação de fluidos ou ectoplasma não há necessidade de esforço físico ou mental, bastando equilíbrio mental, relaxamento muscular, e sintonia com a corrente de base e com o Plano Espiritual.

Para os trabalhos de cura são também importantes a capacidade real de doação e o sentimento de amor e bondade para o doente, evitando preferências e injustiças.

Aprimorar a telepatia com exercícios apropriados, abrindo o campo mental cada vez com mais amplitude para o Plano Espiritual.

Telepatia

O fenômeno telepático se assemelha, de certa forma, ao rádio e à televisão: um conjunto emissor-receptor, as emissões (de Espíritos encarnados ou desencarnados) penetrando na mente receptora na forma de idéias ou pensamentos, que são utilizados imediatamente ou se registram no subconsciente para utilização oportuna.

O cérebro feminino, com mais facilidade que o masculino, sintoniza com ondas psíquicas; por isso o número de médiuns femininos de incorporação consciente é mais considerável.

Eis algumas regras para o treinamento individual:

1) Repetir diariamente, várias vezes, afirmações como as seguintes: a partir de hoje, vou preparar-me para receber e

Edgard Armond

transmitir mensagens telepáticas. Essas sugestões se registram no subconsciente e facilitam, no momento oportuno, o trabalho da mente.

2) Isolar-se em aposento silencioso, sentado comodamente, com luzes baixas por detrás. Respirar fundo e limpar a mente. Transmitir diretamente para o alvo visado as idéias ou os pensamentos que desejar. Para facilitar, pode-se combinar previamente com pessoa bem afim e com hora marcada o exercício a fazer. Pode-se também fazer a transmissão com um retrato da pessoa a receber a transmissão.

Nos dois últimos casos, idealizar a pessoa como presente e proceder com ela o diálogo que quiser, imaginando até mesmo as respostas. Depois conferir com ela os resultados.

Como há combinação prévia, à referida hora as duas mentes estão ligadas e o intercâmbio se tornará mais fácil.

Prosseguir no treinamento com um Espírito desencarnado (o protetor individual, por exemplo) anteriormente consultado e, à medida que os resultados vão se tornando satisfatórios, a comunhão com o Plano Espiritual vai se tornando mais perfeita, terminando em verdadeira sintonia.

O treinamento feito em sessões espíritas, com auxílio direto dos protetores espirituais, acelera muito a conquista dos resultados.

É indispensável em qualquer dos casos, que haja perfeito equilíbrio psíquico, serenidade, honestidade de propósitos por parte do médium, para que as ondas cerebrais transmitidas de fora, sejam recebidas com facilidade, regularmente, sem interrupções, sem altos e baixos, mantendo-se a mente aberta e limpa de resíduos negativos para a recepção em ordem e fiel, o mesmo se dando nas transmissões.

Desenvolvimento Mediúnico

O intercâmbio é feito de mente para mente através do cérebro; o receptor recebe a onda, analisa-a, classifica-a, interpreta-a e procede em seguida conforme o caso.

Desdobramentos individuais

Isolamento em lugar silencioso e a salvo de interrupções. Deitado, respirar fundo. Relaxar todos os músculos. Esvaziamento da mente.

Desde que tudo seja bem feito, haverá logo início de exteriorização do perispírito e seu sinal mais comum é formigamento nas extremidades e tonturas.

Ocorrendo o desdobramento, não se atemorizar. O Espírito comumente tenta sair, projetando-se na sua forma humana horizontalmente acima do corpo físico, ao qual permanece ligado pelo cordão umbilical fluídico que se apresenta quase sempre com uma luz azulada em torno.

Esta é a posição clássica, conquanto possa haver outras, com saída pelo flanco, pela cabeça, etc.

Nas primeiras vezes, durante a exteriorização, conservar os olhos fechados e manter serenidade, fugindo ao temor, que impede qualquer trabalho deste tipo.

Dar-se a si mesmo e previamente, ordem de não sair do aposento até acostumar-se à nova situação: vida fora do corpo, levitações, leveza, expansão da visão e da audição, etc.

Depois ir saindo aos poucos para fora, nos telhados, nos pátios internos, nas ruas, até familiarizar-se com os aspectos exteriores.

Com o tirocínio virão as facilidades, mas são sempre indispensáveis as sugestões prévias sobre o que se pretende fazer, onde se pretende ir, quando se pretende voltar, para que o subconsciente as registre e ajude nos momentos exatos.

Edgard Armond

Qualquer temor ou dúvida são logo acusados pelo cordão, que passa a vibrar, reagindo de forma mais ou menos intensa, exigindo a volta ao corpo.

Para a movimentação no espaço, basta a vontade, o desejo, mesmo quando não expresso.

Sem relaxação muscular e serenidade, não haverá saída e ao contrário, quando se consegue perfeita serenidade e relaxação de todos os músculos, a saída é quase automática: esta regra só se altera quando há interferência de Espíritos, como comumente ocorre nos trabalhos espíritas; nestes casos mesmo em más condições e em havendo conveniência ou necessidade, a exteriorização se dá, utilizando os Espíritos processos magnéticos ou hipnóticos.

Ao regressar dos desdobramentos, porque se desejou fazê-lo ou porque o cordão vibrou com intensidade exigindo a volta, fazê-lo calmamente, colocar-se estendido paralelamente acima do corpo físico como na saída, reentrar nele pela ação da vontade no mesmo ponto da saída e ir-se reintegrando aos poucos sem causar sobressaltos ao corpo adormecido.

Se houver regresso precipitado em qualquer dos casos, fica prejudicada a lembrança do que ocorreu quando fora; para facilitar a recordação dos fatos, dar também instruções prévias ao subconsciente com as necessárias repetições até gravar bem a ordem ou o desejo.

ESFERAS DO "ASTRAL"

Qualquer destes trabalhos de adestramento e de aprimoramento, exige na prática, quase sempre, emprego de vidência, incorporação e desdobramento e conhecimentos um pouco mais detalhados das regiões inferiores e médias do Umbral terrestre.

Essas regiões compreendem:

Desenvolvimento Mediúnico

1) as esferas das Trevas, na subcrosta;
2) as esferas do Umbral inferior;
3) as esferas do Umbral médio.

Esferas das Trevas

São várias e se contam a partir da crosta terrestre para baixo. Desce-se através de centenas de quilômetros, podendo-se verificar que os cenários variam não só no aspecto físico, como nos seres que os habitam.

Os habitantes que, no princípio, eram seres humanos retidos em covas, poços, grutas, corredores, furnas escuras, vão se apresentando cada vez mais rudimentares e degenerados, enquanto que os ambientes vão ficando cada vez mais desertos, mais quentes e asfixiantes.

Abaixo de cem quilômetros vão surgindo espaços mais vazios, habitados por seres disformes e monstruosos, que se locomovem lentamente nas sombras e logo depois, seres quase sem forma humana, olhos vermelhos como brasas, que se arrastam como répteis pelo chão pedregoso e quente, formando grupos mais ou menos numerosos.

O acesso a essas regiões de sombra, nunca deve ser tentado sem a custódia de protetores conhecedores da região e dos recursos a lançar mão em caso de necessidade e de imprevistos; a descida deve ser regulada em lances sucessivos, permitindo adaptações contínuas do perispírito dos médiuns às terríveis pressões físicas e psíquicas a que ficam sujeitos.

As camadas mais de cima, junto à crosta, são habitadas por Espíritos que conseguem comumente, liberdade de locomoção, da qual se utilizam para abandonar seus refúgios tenebrosos e invadirem a superfície livre para ataques contra seus habitantes encarnados e desencarnados.

Esferas do Umbral inferior

São também várias.

Começam na superfície do solo e estendem-se verticalmente para cima, caracterizando-se pela natureza dos seres que as habitam.

Objetivando, pode-se dizer que formam linhas concêntricas e superpostas, conquanto a realidade do ponto de vista espiritual seja diferente (interpenetração).

São habitadas sucessivamente por:

Elementais — seres rudimentares, em trânsito para o reino animal e outros, mais evoluídos, para o reino humano; elementais humanos, também chamados **Espíritos da Natureza,** que se afinam com os elementos naturais que são: terra, ar, água e fogo, com os nomes genéricos e clássicos de gnomos, ondinas, sílfides e salamandras; Espíritos de formação embrionária; Espíritos primitivos; Espíritos retardados; todos agrupados por afinidades vibratórias em comunidades mais ou menos numerosas; Espíritos malignos, que agem com liberdade e livre-arbítrio, muitas vezes se tornando agentes do carma e que escravizam milhares de outros que se tornam executores irresponsáveis da vontade de chefes de organizações voltadas ao Mal.

Esferas do Umbral médio

Prolongamento da região anterior, desdobrando-se em círculos concêntricos habitados sucessivamente por: 1) Espíritos sofredores do mais variado aspecto; Espíritos suicidas; Espíritos desencarnados em provações de resgates, recolhidos a colônias, abrigos e outras inúmeras instituições de assistência e recuperação; 2) Espíritos parcialmente es-

Desenvolvimento Mediúnico

clarecidos, em servidões evangélicas, prestando serviços os mais variados, inclusive em repartições administrativas como, por exemplo, as reguladoras das reencarnações e dos resgates, etc.

Este esquema de "esferas" é simplesmente uma objetivação para efeito didático pois que, na realidade, não existe no Plano Espiritual uma geografia de lugares, como no nosso, e as coisas se interpenetram segundo as diferenças vibratórias. Um Espírito que vem de um plano superior para um inferior, na realidade vem de um **interior** para um **exterior** de um estado mais profundo, para um estado mais superficial, de um menos denso para um mais denso.

Nos desdobramentos, os médiuns devem ser levados a essas diferentes regiões, esfera por esfera, para aprendizado e colaboração de serviço, anotando o que forem observando como seja: natureza dos habitantes, gradações da hierarquia, costumes, hábitos sociais, etc. formando assim um precioso cabedal de cultura e experiência doutrinária.

Nesta fase os médiuns devem, mais que tudo, se devotarem ao intercâmbio com instrutores, mentores, guias, servidores espirituais de maior hierarquia, para cooperarem diretamente na difusão doutrinária, em caráter mais amplo e rico de elementos espirituais e morais visando, em ponto mais alto, o esclarecimento e a redenção da humanidade segundo, é claro, a natureza e os limites dos compromissos tarefários.

Resumindo diremos:

O método aqui exposto, após exaustivos estudos, observações e experimentações, oferece além do mais e sobretudo *segurança* (coisa que nunca se teve) a dirigentes e médiuns. Aos primeiros, porque ficam sabendo o que podem e o que

Edgard Armond

não podem assegurar e o que devem exigir; aos segundos, a milhares deles, à grande maioria deles que, por possuírem mediunidade consciente ou semiconsciente, duvidam de si mesmos e, por temor ou escrúpulo, negam-se à cooperação chegando, muitas vezes a abandonar a Doutrina, com grande prejuízo para sua expansão e prestígio, a estes diremos que, compreendido previamente o método e sujeitando-se a ele com paciência, desde os primeiros passos, sentir-se-ão apoiados, sabedores do que podem esperar de si mesmos, até que ponto podem ir e como fazê-lo com a referida segurança quanto aos resultados do seu penoso trabalho.

Portanto, sendo o método previamente estudado e compreendido por todos e havendo:

a) realmente **mediunidade-tarefa** a desenvolver, ou aprimorar, e

b) entendimento prévio com o Plano Espiritual de cuja cooperação ele depende grandemente, **pode-se afirmar que os resultados finais serão, em curto prazo, plenamente satisfatórios.**

❖

Doutra parte, além das vantagens que o método oferece em si mesmo queremos evitar a dominação dos médiuns pelos Espíritos inferiores ou malévolos, levando-os a uma hierarquia mediúnica elevada e, num sentido mais alto, neutralizando em parte o domínio da Terra pelas forças das Trevas, porque a mediunidade tanto serve ao Bem como serve ao Mal e o médium, quando bem preparado e evangelizado, raramente se desvia do caminho reto e justo.

O êxito do método, como já foi dito, depende em grande parte, do concurso do Plano Espiritual e não queremos encerrar esta parte sem transcrever a opinião do bondoso instrutor Cairbar Schutel, dado à época de sua apresentação, em 1962.

V

O Método das Cinco Fases

PARECER DE CAIRBAR SCHUTEL (1962)

"1º) O método desenvolve a sensibilidade mediúnica e prepara para o funcionamento da mediunidade permanente; ajuda e auxilia a eclosão das manifestações telepáticas que são próprias da maioria dos médiuns atuais.

2º) É evidentemente útil, mas exige preparação prévia de expositores e instrutores.

3º) Como há grande responsabilidade na sua utilização, convém continuar, ainda mais um período letivo em fase de experimentação durante o qual os expositores e instrutores serão melhor preparados e qualquer falha porventura verificada, poderá ser eliminada.[18]

4º) Transmitir aos expositores diretamente a essência do método e seu detalhamento, indicando o que ele pode eferecer de melhor, face aos sistemas até aqui utilizados.

5º) No momento a maior preocupação deve ser a urgência da utilização do método e sua mais larga aplicação, com expositores devidamente preparados.

6º) Este é o método único até o momento existente para desenvolvimento mediúnico **em grupos**, jamais usado e por isso deve merecer o estudo e a aplicação inteligentes por parte

---

[18] O item 3 foi rigorosamente cumprido, com experimentação prolongada, tanto na Escola de Médiuns como em muitos outros agrupamentos experimentais, tendo oferecido sempre os melhores resultados, quando respeitadas também, as demais recomendações do competente mentor espiritual.

de expositores e instrutores, inclusive do Plano Espiritual cooperador.

7º) Como regra, não mudar os instrutores, porque o que ensina deve acompanhar o processo até o final da aplicação, mas antes deve penetrar bem, sentir bem o processo, para poder transmiti-lo e aplicá-lo com eficiência e segurança.

8º) Sempre que possível, empregar expositores para a parte teórica e instrutores dotados da devida sensibilidade mediúnica para a parte prática, **fugindo o mais possível da mecanização do método.**"

E ao encerrar este modesto trabalho, mais uma vez desejamos encarecer a necessidade urgente de se abandonarem os processos empíricos ou místicos de desenvolvimento mediúnico, passando-se a realizá-lo de forma mais racional, segura e eficiente, no campo da mais rigorosa técnica, no setor do Espiritismo científico, para que o intercâmbio com o Plano Espiritual não fique mais dependendo da existência precária ou ocasional de um ou outro médium excepcional, que se transforma logo em fenômeno publicitário veiculador da curiosidade pública; é necessário que esse intercâmbio perca sua tão comum nebulosidade e insegurança, que afastam a confiança até mesmo de dirigentes espirituais e se afirme em altos padrões de eficiência, verdade, autenticidade e autoridade, como deverão ser todas as manifestações e trabalhos que visam a propagação da Doutrina dos Espíritos.

A comunicação entre mundos de esferas vibratórias diferentes, exige condições de eficiência e segurança que somente uma técnica rigorosa pode oferecer.

Desenvolvimento Mediúnico

Porque chegaram finalmente os dias em que "o espírito será derramado sobre toda a carne"; em que os céus se deverão abrir, revelando seus segredos, para que as promessas do Paracleto não sejam palavras vãs mas encontrem, por fim, seu tão postergado cumprimento.

O Espiritismo progride sempre e se difunde, não tanto pelo esforço deliberado e sacrificial dos médiuns, como pelo daqueles que o desconhecem, mas querem conhecê-lo; estudam, investigam, derrubam as barreiras do misticismo, do ortodoxismo exagerado e do trabalho mediúnico mal conduzido e piormente praticado, e arremetem por um caminho mais largo. São os trabalhadores da última hora, para os quais o salário é o mesmo que para os antigos.

Nota: Nos estudos sobre mediunismo em geral, uma boa fonte de subsídio encontra-se na obra *O Livro dos Médiuns* que o insigne Codificador da Doutrina — Allan Kardec — incluiu entre as magníficas obras que constituem a"Codificação".

Aliança

Histórias Espíritual da Humanidade

Exilados da capela
A formação e evolução das raças no planeta Terra.

Na Cortina do Tempo
Sobreviventes salvos da Atlântida preservam seus conhecimentos destinados à posterioridade.

Almas Afins
A trajetória de Espíritos afins desde a submersa Lêmuria até os dias atuais.

Temas Doutrinários e Evangélicos

Na Semeadura I
Temas doutrinários abortados com objetivo e clareza. da mediunidade.

Na Semeadura II
Temas doutrinários abortados com objetivo e clareza. da mediunidade.

Lendo e Aprendendo
Mais temas doutrinários com índice remissivo de *Na Semeadura II*

Verdades e Conceitos I
Ideal da Aliança em importantes resoluções históricas.

Verdades e Conceitos II
Ideal da Aliança em importantes resoluções históricas.

Assistência Espiritual e Mediunidade
Obra tem como foco principal as atividades adotadas pelos centros espíritas que adotam os programas da Aliança Espírita Evangélica